İSTANBUL 2013

Yayın No	267
Kitabın Adı	Yakın Tarih
Yazar	Muzaffer Taşyürek
İç Mizanpaj & Kapak	Necip Taha Kıdeyş
1. Baskı	2013
ISBN	978-605-5125-23-3
Baskı ve Mücellit	**Tunçel Ofset Matbaacılık Yay. San. Tic. Ltd. Şti.**
	Davutpaşa Cad. Güven Sanayi Sitesi B.blok 369-370
	Topkapı / İstanbul
	Tel:(0212) 501 95 85 - (0212) 565 37 00
Genel Dağıtım	**ADIM DAĞITIM**
	(0212) 524 7 524 / www.kidap.com.tr
Yayıncı Sertifika No	12628
Yayıncı Adresi	Topkapı Mh. Kahalbağı Sk.
	No:49/A Topkapı / İstanbul
	(0212) 521 91 13 - 23 fax (0212) 521 90 86

Eserin her hakkı DÜŞÜN YAYINCILIK'a aittir.

"Düşün Yayıncılık" bir "Adım İletişim Hizmetleri Ltd. Şti." markasıdır.

Kaynak gösterilerek alıntı yapılabilir.

İzinsiz çoğaltılamaz, basılamaz.

mail; info@adimkitap.com

"GARİP AMA GERÇEK"

BEŞİNCİ KİTAP
YAKIN TARİH

MUZAFFER TAŞYÜREK

DÜŞÜN YAYINCILIK

İçindekiler

ÖNSÖZ 9

OSMANLININ SON YILLARI 13
Balkan Bozgunu İttihatçıların Günahıdır. 15
Yolunu Şaşırmış Kuzular 15
Harekât Ordusu Kimlerden Oluşuyordu? 16
Fazla Söze Gerek Var mı? 17
31 Mart Alman mı Yoksa İngiliz Tezgâhıdır? 19
Bir Garip Fetva 21
İttihatçıların Akıl Hocası Gökalp 24
31 Mart'ı Gerçekleştirenler 25
Osmanlı ülkesinde ilk Mason mabedi 26
Ölüsünden Korktuk 26
Allah Şahittir 28
Kumdan Kabirler 29
Siyah Ekmek 30
20 Temmuz 1915. Yer Çanakkale... 31
İsrail Devletinin Kuruluşu Çanakkale'den Geçti 32
Şerif Hüseyin İsyan mı Ettirildi? 35
Hangi Şartlarda Padişah Oldum 36
Otuz Üç Yıllık Siyasetin Sırrı 36
"İşte beni 33 yıl süren siyasetimin sırrı." 37
Balkanların Kaybedilme Nedeni 37
Camiler Hastane Oldu 39
Savaş Batı'da Kazanılacaktır. 40
23 Günde Beylikten Paşalığa 41
Enver Paşa Savaşırken Alfabe İcat Etmişti 43
Türkler Ölmek İçin vardırlar 44
Son Halife'nin Dramı 45

MİLLİ MÜCADELE ÖNCESİ ANADOLU 47
Karabekir'in Hatıratında Vahdettin 49
İngiliz Gizli Belgeleri Ne Diyor? 51
Mustafa Kemal Paşa Saraya Damat Olacaktı 52
Mustafa Kemali Padişah Görevlendirdi. 53
İzmir Nasıl İşgal Edildi? 54
İstanbul'un İşgali 55

Tereddütler Yaşanıyordu ...57
Anadolu Valiliği ...59
Kurtuluş Savaşı İle İlgili İngiliz Belgeleri ...59
Osmanlı'nın Ardından ...60
Gazanız Mübarek Olsun ...61
Mustafa Kemal Havzada Ruslarla Görüştü mü? ...63
Kazım Karabekir'in Daveti ...63
Samsuna Kaç Kişi Çıktı? ...66
Samsuna Gizlice mi Hareket Edildi? ...68
Çürük Bandırma Vapuru ...70
Erzurum Kongresindeki Dua ...73
Denizli Müftüsü Ahmet Hulusi Efendi ...77
Ankara'da Görülmemiş Namaz ...79
Batı Cephesine Doğudan Gönderilen Silahlar ...80
İngilizleri İstanbul'u İşgale Rauf Bey Mecbur Etti ...81
Amerikan Mandacılığı ...83
İsmet Paşa ve Mandacılık ...84
Akif Mandacılığa Karşıydı ...85
Birinci Meclisin Özellikleri ...87

MUHAREBELER DÖNEMİ ... 89
İlk Kurşunu Hasan Tahsin Atmadı ...91
İngilizler Yunanlıları Anadolu'ya Niçin Çıkarttılar? ...93
Milli Mücadele ve Tekkeler ...93
Milli Mücadele'ye Yurt Dışından Gelen Para Yardımları 96
Milli Mücadele'ye Rus Yardımı ...97
TBMM Kürsüsüne Siyah Bayrak ...100
İslam Âlemine Çağrı ...102
Yunan Kralının Küstahlığı ...103
Kütahya-Eskişehir Savaşları Gerçeği ...104
İki Vagon O... Getirildi ...107
İnönü Muharebeleri Gerçeği ...109
Milli Mücadelenin İrşad Heyeti ...111
Hilafet Ordusunu Kim Kurdu ...114
Meclisi Kayseriye Taşıyacaklardı ...114
Büyük Taarruz ve Akif ...116
Sakarya Meydan Muharebesi ...118
Millet Malı ...119

KAYIPLAR 121
  Doğu Cephesi (Kars) Harekâtı 123
  Birinci İnönü Muharebesi 123
  İkinci İnönü Muharebesi 123
  Kütahya-Eskişehir Muharebesi 124
  Sakarya Meydan Muharebesi 124
  Büyük Taarruz ve Başkomutanlık Meydan Muharebesi .124

ANTLAŞMALAR DÖNEMİ 127
  Lozan da Uzmanlarımız Yoktu. 129
  Kıbrıs'ı Nasıl Kaybetmiştik 130
  Sevr'i imzalayan kaleme ne oldu? 132
  Kalemi nereye hediye etmiş? 133
  Tarihe Tanıklık Edenler 135
  Lozan Görüşmelerinde Musul 137
  Akif'in Sevr hakkındaki Görüşleri 147
  Yabancı Gözüyle Lozan 150
  İstiklal Harbinin Esasları 151
  Bana Vatan Haini Diyenler(!) 151
  Geç Gelen İtiraf 153

İNKİLAPLAR 155
  Dünden Bugüne Değişen Ne Var? 157
  700 Yıl Sonra Tekmelenen Mezar 160
  Divan Edebiyatı Yasaklanmalıdır 160
  Ankara Başkent Olurken 162
  Ergenekon 162
  Yeni Tarih Anlayışı 164
  Güneş Dil Teorisi 166
  Niçin Kitap Yazmadım? 168
  "Temellerin Duruşması" Kitabından 169
  Kafatasını Ölçenler 170
  Ari ırkın kafatası, brakisefal tip kafatasıdır! 171
  İnkılâpçı Kadroda Görev Alanların Büyük Bölümü Masondu. 172
  1924 ANAYASASI'NIN TEMEL İLKELERİ 174
  Cumhuriyet İlkesi 174
  Milli Egemenlik İlkesi 174
  Kuvvetlerin Birliği ve Büyük Millet Meclisi'nin Üstünlüğü ... 175
  Devletin Temel Nitelikleri 175

İnönü Ve Atatürk'ün Yolları Ayrılmıştı 178
Menemene Dair 180
Serbest Fırka'nın Üç Aylık Siyasi Hayatı 181
Ali Fethi (Okyar) ise, konuyu şöyle değerlendiriyor: 183
Serbest Fırka'nın Kapatılması 184
Çerkes Ethem 184
İşgal'in önemi 186
Tarih'in Yağmalanmasına Göz Yumuldu 186
Camiler ve Mescitler Satıldı 187
Cahil İnsanlar 'Satılsın' Raporu Verdi 189
Camilerin Yarısı Satıldı 190
Vakıf Malı Yiyen İflah Olmazmış 191
Tarihi belgeleri de sattık 191
Tarih Kitabında ki Cinayetler 194
Yüksek Öğretim ve Yabancılar 195
Kemalizm Nedir Moiz Kohen Kimdir? 197
Tekin Alp ve Laiklik 198
Din yerine Milliyetçilik 200
Yeni Tanrı 202
Yeni Tarih Anlayışımız 203
Türk Olmak Demek 204
Demokrasi Değil Totalirizm 205
Almanlar ve İnkılâplar 206
Tercüme Kanunlar 206
Lozan'da Hangi Taahhütlerde Bulunduk? 207
Türkçe İbadet Uygulaması Takvimi 209
Yeni Din 211
Türkiye'deki Bazı İlkler 213
Türkiye Güzeli Feriha 215
Mustafa Kemal Paşa Nasıl Cumhurbaşkanı Seçildi? 215
Biz Onlardan Farklı Olmamak İçin… 219
Şapkaya Karşı Çıkanlar Asıldı 219
Bazen Kanun Üstüne Çıkarız 220

ÖNSÖZ

Siz kitap kurtlarını tanıyor musunuz? Ya Bağdat'ın ne zaman kurulduğunu biliyor musunuz? İnsan gücüyle taşınan on-onbeş ton ağırlığında ki taşlarla dikilen yapılardan haberiniz var mı? Kur'an-ı Kerim'de zikredilen ama resmi tarih kitaplarına geçmeyen Eykelileri, Saba(Sebe) halkını, Nuh kavminin nerelerde yaşadıklarını ders kitapları yazıyor mu? Tarihinde 32 defa yakılıp yıkılan şehir hangisiydi merak ediyor musunuz? İmam-ı Gazali'nin nasıl öldüğünü, kandillerde halis gül yağı yakılan mekânı merak ediyor musunuz? Konuşan saat duydunuz mu?

Ziyafete tok giden misafirler, sirkeli inci yiyenler, Paris'in tören lazımlıkları, ay'ı yutan eşek, sakallı dilberler zaferi, dünyanın en kısa mektubu, Katoliklerin, Kızılderililerin katliamı, Osmanlının ABD'ye gönderdiği yardımlar, daha yüzlerce başlık ve yüzlerce garip ama gerçek tarihi okumak istiyorsanız işte size fırsat. Elinizdeki seri baş kitaptan oluşuyor. Dünya tarihi ile kendi tarihimizi mukayese imkânı veriyor.

Maalesef mukayeseli tarih okuma alışkanlığımız yok. Dünya üzerinde aynı yüzyılları paylaşmış insanların yaşayışlarını, kurdukları medeniyetlerin izlerini karşılaştırarak okumak ve okutmak maalesef en az yaptığımız çalışmalardan biri. Orta Çağ diyerek tarihin bir diliminde yaşayan tüm insanları karanlıklar içinde görmek ve göstermek ne kadar yanlış. Oysa tarihçilerin Orta Çağ dediği zaman diliminde İslam âlemi en parlak, en aydınlık devrini yaşamıştı.

Orta Çağ Avrupa'sında insanlar, 1000 yılında kıyamet kopacağına ilişkin batıl fikirlerle yaşarlarken, Doğu ışıl ışıldı. İslam medeniyetinin sınırları içindeki Bağdat, Basra, Şam, Kahire, Semerkant gibi şehirler ve İspanya'da Endülüs, bilim ve felsefenin zirvede olduğu önemli merkezlerdi. Doğu; tıp, astronomi, kimya, fizik, matematik, felsefe ve ilahiyatta önemli atılımlara öncülük yapıyordu. Nitekim Amerikalı bilim tarihi araştırmacısı Will Durant'ın şu sözleri bunun en iyi kanıtıdır: "Orta Çağ'da tıp âlimlerinin en büyüğü İbn Sina, en büyük hekim Razi, en büyük astronom Birunî, en büyük optik bilgini İbnü'l Heysem ve en büyük kimyager Câbir'dir."

Orta Çağ'da Basra, Bağdat, Şam ve Kahire gibi İslam medeniyetinin merkezinde yakılan meşaleler, buradan dünyaya yayıldı. Türklerin yaşadığı coğrafyadan Güney İspanya'daki Endülüs'e kadar, etkileri bugüne dek süren bir medeniyet oluştu. Batı, Doğunun araladığı bu medeniyetlerden sızan ışığın yardımıyla aydınlandı. Doğunun kapısı Batı'ya iki defa açıldı: Müslüman Endülüs'te ve Haçlı Seferlerinde. Kimi batılılar kendilerine açılan bu kapının imkânlarından insanlık adına güzel şeyler yapmak için faydalanırken, kimileri barbarca davrandılar. Bir taraftan İslam ülkelerine haçlı seferler düzenlerlerken diğer tarafta Endülüs medeniyetini yok ettiler.

Haçlı Seferleri sırasında kutsal toprakları ele geçirmek amacıyla yapılan seferler esnasında Doğu'nun kültürü ve sanatıyla karşılaşan Haçlılar, elde ettikleri bilgileri Batı'ya aktardılar. Şövalyeler, Doğu'nun sırlarına bu seferler sırasında ulaştı. Kılıçların gölgesi altında gerçekleşen bu bilgi akışı ve medeniyetler arasında yaşanan olayları öğrenmek için işte size bir fırsat.

Dünya tarihinden, dünyanın çeşitli medeniyetleri ve çeşitli dil, din ve kültüründen insanların hayatlarından ve kültürlerinden kesitler.

Asya'dan, Avrupa'dan, Amerika'dan buralarda kurulan medeniyetlerden, Aztek, İnka, Çin, Mısır, Yunan, Roma, Bizans, Emevi, Abbasi, Endülüs, Selçuklu ve Osmanlı tarihlerinden damla damla tatmak ister misiniz? İşte size bir demet garip fakat gerçek tarih...

Bu tarih içerisinde asırlar boyu bizim başımızı öne eğdirecek, utanacağımız hiçbir şey yok. Ecdadımız Emperyalist olmamıştır. Ecdadımız katliam yapmamıştır. Gittiğimiz yere merhamet ve medeniyet taşımışız. Endülüslüler Avrupalıların öğretmenleri olmuşlardı. Selçuklular İslam âlemine yönelen haçlı barbarlığı ve saldırılarına karşı kalkan vazifesi görmüşlerdi. Osmanlılar çağına göre engin hoş görü ve adalet anlayışları ile bilimde, ekonomide, güzel sanatlarda, askerî alanda ve gündelik hayatta yüksek bir medeniyet inşa etmişlerdi. Özellikle İslam'ın izzetini korumak, Müslümanların ve himayesine almış olduğu her dinden ve her dilden insanların can ve mal güvenliğini, namus ve şerefini koruyup, en yüksek seviyede savunmak bakımından Osmanlı medeniyeti son derece parlak ve şanlı bir medeniyettir. Bilindiği gibi "Osmanlı Medeniyet Kuşağı" diyebileceğimiz coğrafi ve beşerî alan son derece geniş ve bereketli bir alandı. Yerkürenin tam merkezinde yirmi milyon kilometrekare civarında bir coğrafya parçası ve çağının şartlarına göre yoğun bir nüfus varlığı Osmanlı medeniyeti bünyesi içindeydi. Avrupa'da Viyana kapılarından Orta Afrika'ya, Yemen'e, kuzeyde Rus bozkırlarına, doğuda Kafkaslara kadar uzanan muazzam bir kara parçası. Bu coğrafya içinde yüzlerce etnik unsur, lisan, din, mezhep, kültür kaynaşmakta idi. Osmanlı medeniyeti bu son derece ayrı cinsten unsurları kendi kalıbı içinde eritmiş ve kendine özgü bir "Osmanlı Kültür Kuşağı" oluşturmuştu. Bu kültür kuşağını anlamak ve tanımak için geçmiş medeniyetler ve öteki medeniyetlerle Osmanlıyı karşılaştırmak gerekir. Bu seri sizlere bu imkânı da sağlamak amacıyla çeşitli kaynaklar taranarak hazırlandı.

Umuyorum bu seri geçmişimizi tanıma ve geleceğimize umutla bakma adına sizlere yeni ufuklar açacaktır.

Muzaffer TAŞYÜREK

Erzurum

OSMANLININ SON YILLARI

Balkan Bozgunu İttihatçıların Günahıdır.

II.Abdülhamid Han, Osmanlı Devleti'nin dış siyasetini denge politikaları ile yönetiyordu. Abdülhamid, Balkanlardaki kilise ihtilafını öne çıkararak Balkan Devletlerinin Osmanlıya karşı birleşmesini önlüyordu. İttihatçılar, yönetimi devraldıktan sonra 9 Temmuz 1910'da çıkardıkları kiliseler Kanunu ile balkan devletleri arasındaki kiliseler ihtilafını çözdüler ve onların ittifakına zemin hazırladılar.[1] Balkan devletlerinin Osmanlılara karşı birleştiği haberleri İstanbul'da duyulmağa başlayınca dünyadan haberleri olmayan Jön türk yöneticiler buna inanamadılar. Balkan Devletlerinin ani baskınıyla başlayan savaş Osmanlının balkanlardan sürülmesiyle büyük bir faciaya dönüşmüştü.

Yolunu Şaşırmış Kuzular

Abdülhamid Han ittihatçıları yolunu şaşırmış kuzular olarak nitelemiştir. Onlar gencecik yaşlarıyla Osmanlı devletini Avrupa'nın kurt politikacılarının karşısında ger-

---

1 Ömer Turan Medeniyetlerin Çatıştığı Nokta Ortadoğu. Yeni şafak s.96)

çekten kurtlar sofrasının bir lokması haline getirmişlerdir.

Balkan devletlerinin Osmanlıya karşı birleştiği haberleri geldiği dönemde, bu konu hakkında kendisinden bilgi istenen Dışişleri bakanı asım bey, meclis kürsüsüne çıkarak,"balkanların aleyhimize birleşmeleri tamamen yalandır, balkanlardan imanım gibi eminim." Demiştir. Hâlbuki o bu sözleri söylerken balkan devletleri arasında Osmanlıya karşı ittifak sağlanmıştı.[2] Ve biz İngiltere'nin tavsiyesi ile balkan savaşı öncesi 65 bin askerimiz terhis etmiştik. [3]

Harekât Ordusu Kimlerden Oluşuyordu?

Ders kitaplarının yazmadığı konulardan birisi de harekât ordusunun kimlerden ve nasıl oluştuğudur.

Hareket ordusunun İstanbul'a sevk edildiği günlerde, ittihatçı subaylar, erlerin arasına karışarak, İstanbul'daki olaylarda Rusların parmağı olduğu dedikodusunu yapmışlardı.[4]Hareket Ordusu'ndaki Müslüman askerlere halifeyi kurtarmaya götürüldükleri söylenmiş, birliklerin ön Safalarına er elbisesi giydirilmiş subaylar yerleştirilmişti. Onların peşine Bektaşi Arnavutlar, Bulgarlar, Rumlar, Sırplar ve Yahudiler konmuştu. [5]

Sayısı onbeş bine kadar çıkan bu ordunun düzenli asker sayısı sadece iki tabur kadardı. Bu ordunun çoğunluğu

---

2 Tahsin Ünal Türk Siyasi Tarihi.s.513.Kamer Yayınları İstanbul 1998
3 Nevzat Kösoğlu. Türk Dünyası Tarihi ve Türk Medeniyeti Üzerine Düşünceler.s.611. Ötüken Neşriyat. İstanbul 1980
4 Ahmet Turan Algan İkinci Meşrutiyet Devrinde Ordu ve Siyaset, s.104.Cedit Neşriyat, Ankara 1992
5 Nevzat Kösoğlu.A.g.e..s.622.

Yahudi, Arnavut, Sırp, Rum ve Bulgarlar oluşturmaktaydı. [6]Bu ordunun başında Mahmut şevket paşa vardı. Kendisi hürriyet kahramanlarından sayılıyordu. İttihatçılar onu da şişirmişti. Bu kahraman, balkan harbi esnasında garp ordusuna kolordu komutanı olarak tayin edildiğinde verilen vazifeye gitmemişti. Sebebi sorulduğunda da *"Bu tayin işi benim şöhretimi kırmak, askeri şerefimi ihlal etmek için yapılmıştır. Ben şöhretimi nasıl feda ederim"* [7]demiştir. Sonrasında kendisi siyasi bir cinayete kurban giderken balkanlarda yüzbinlerce vatan evladı zulme uğrayıp, kırılacaktı.

Fazla Söze Gerek Var mı?

Jön Türk hareketini masonların ve Musevilerin hazırladıkları "dünya ihtilâli" nin bir parçası olarak niteleyen yayınların sayısı hayli kabarıktır." [8]

"1900 Yıllarında Fransız Büyük Doğusu, Abdülhamid'in devrilmesine karar verip, gelişmekte olan Jön Türk hareketini bu yöne çevirmiştir." [9]

"Kesin olarak söyleyebiliriz ki, Türk ihtilâli, hemen hemen tümüyle bir mason-Musevi komplosudur." [10]

İttihat ve Terakki'yi kontrol eden kişiler, kendilerini mason localarının karmaşık ritüellerinin perdesi ardına gizlemekteydiler." (Harold Armstrong, Grey Wolf: Musta-

---

6 Aksiyon. Sayı 436 sayfa 29-30
7 Tahsin Ünal A.e.g..s.521.
8 E. E. Ramsaur, Jön Türkler ve 1908 İhtilâli
9 (Friedrich Witchl, Weltfreimaurei, Weltrevolution, Weltrepublik)
10 (The Morning Post (London 1920), The Cause of World Unrest)

fa Kemal, An Intimate Study of a Dictator)

"Balkan'lardaki subaylardan en az ikibini İttihat ve Terakki'ye üyeydi." [11]

"...Jön Türklere destek veren Masonluk oldu. Selânik'teki mason locası Jön Türklerin genel merkezi oldu. Ordunun davaya kazanılması, para toplanması, Paris, Londra, İsviçre, İtalya ve dünyaya yayılmış sayısız sürgünün liderliğe gelmesi hep orada hazırlandı...Yazışmalar, mücadele kasası, üyeler ve komitelerle ilişkiler hep Selânik locasının kontrolundaydı. İttihat ve Terakki'nin liderlerinden biri olan Enver Bey haber ve mektuplarını localardan alıyordu... Selânik locası, bu tarihi anın temelini ve kıymetli belgesini oluşturan İttihat ve Terakki arşivini güvenli bir yere yerleştirmekle görevini tamamlamış oldu." [12]

---

11 (Şevket Süreyya Aydemir, Enver Paşa)
12 (Giornale d'Italia (12 ağustos 1908)

"Jön Türkler Makedonya garnizonlarındaki subaylar arasında yandaşlar bulmaya ve bir örgüt kurmaya başlayınca, ...ünlü Emanoel Karasso efendinin tavsiyesiyle Yahudi locaları onlara kapılarını açtılar. Talât, Cavit, Dr. Nâzım, Bahattin Manastırlı ve daha bir sürü önemli Jön Türk böylece farmason oldular ve güven içinde, ismen İtalyan ya da İspanyol olan evlerde suikastlarını hazırladılar." [13]

31 Mart Alman mı Yoksa İngiliz Tezgâhıdır?

31 Mart askeri darbesi kimin eseridir., İngiliz tertibi mi yoksa alman tertibi miydi? Bu soruya kesin cevap vermek zor. Almanya olsun diğer sömürgeciler olsun, II.Abdülhamid'e karşı jön Türkler kullanmak isteniyordu. Hans rohde, 1908 ihtilali için, "Fransız ve İngiliz topraklarında hazırlanmış ve gerek Londra ve gerek Paris hükümeti tarafından yardım görmüş ve oradaki uzuvlarına yardım yapılarak Türkiye'de gittikçe artan Alman nüfuzu aleyhine istifade olunmuştur." Diyor. [14] Avrupalı devletler II. Abdülhamid'i etkisiz kılabilecek her fırsatı değerlendirmek istiyordu.

Osmanlı ordusunu eğitmekle görevli olan alman Goltz Paşa ,bir ayaklanma tertip ederek sultana baskı yapılması gerektiğine inanıyordu. Bu ayaklanmanın yine kendileri tarafından bastırılarak sultanın gözüne girmek için bir araç olduğunu da ifade ediyordu.[15] Almanların baskısı giderek Osmanlı Ordusu üzerinde artıyordu. Almanya'nın

---
13 (İngiliz Arap Bürosu Raporu, Arap Bulteni No.23 (26 Eylül 1916), Notes on Freemasonry)
14 Süleyman Kocabaş Tarihte Türkler ve Almanlar. Vatan Yayınları s.123. İstanbul 1988
15 Kocabaş Age. S. 58

Osmanlı büyükelçisi Wangenheim, *"Orduyu kontrol eden kuvvet Türkiye'de en büyük kuvvet olacaktır. Hiçbir alman düşmanı hükümet, ordu kontrol edilmedikçe iktidar mevkiinde kalamayacaktır."* Demektedir. [16]

31 Mart hadisesi, İstanbul'da ki Almanlar tarafından sevinçle karşılanmıştır.

Lord Eversly, Almanya'nın jön Türkleri kullanarak Abdülhamit'i bertaraf etmek istediğini belirtmiştir. [17]

Jön Türklerin askeri kanadı Alman, sivil kanadı Fransa ve İngiltere taraftarıydı.

31 Ayaklanmasını bastıracak ordunun başına yine Alman danışman Goltz Paşa'nın tavsiyesi ile Mahmut Şevket Paşa getirilmiştir. [18]

16 Kocabaş Age. S. 127
17 Kocabaş Age. S.124
18 Kocabaş Age. S. 129

Bir Garip Fetva

II. Abdülhamid Han'ı tahtan indirmek için düzenlenen fetva şöyleydi.

"Müslümanların imamı olan kimse, bazı önemli şer'i konuları şeriat kitaplarından çıkarsa ve bu kitapları yasak etse, yaksa ve yırtsa devlet hazinesini israf edip şeriata aykırı şekilde harcasa, idare ettiği kimseleri şer'i sebep olmadan öldürse, hapsetse, sürse, başka türlü zulümleri de adet edindikten sonra doğru yola yemin etmişken sözünden dönerek Müslümanların yaşayışını tamamen bozacak şekilde fitne çıkarmakta direnip onları birbirlerine öldürtse, buna engel olacak durumdaki Müslümanlar, onun bu zora dayanan tutumunu ortadan kaldırınca, İslam memleketlerinin pek çok yerlerinden hal' edilmiş tanıdıklarını ispatlayan haberler gelip yerinde kalmasına kesinlikle zarar ve ayrılışında iyilik düşünülürse, kendisine imamlık ve sultanlıktan vazgeçme teklif etmek veya hal' etmek şekillerinden hangisi meseleyi çözen ve bağlayan işlerin sahibi olanlar tarafından daha iyi görülürse yapılması yerinde ve gerekli olur mu?"

Fetva Emini Hacı Nuri Efendi, son cümleleri bir daha okuttuktan sonra, tahttan indirmelerin hayır getirmediğini söyledi. Fetvada da "indirme" veya "çekilme"den birinin tercih edilebileceğini hatırlatan Hacı Nuri Efendi, "Ben ancak birinci şıkkı, yani imamet ve saltanattan feragat teklifine evet derim" dedi.

İhtilal komitesini oluşturanlardan Talat Bey, Ahmet Rıza Bey ve Pertev Paşa ile birlikte özel bir görüşme yapmak üzere salondan ayrıldı. Bu sırada içeri İstanbul mesusu dersiam (ordinaryüs profesör) Mustafa Asım Efendi girdi. Hacı Nuri Efendi'yi bir köşeye çekti ve kulağına birşeyler fısıldadı.

Salonda bulunan Süleyman Tevfik Bey hatıralarında bu tabloyu, "Hacı Nuri Efendi yerine döndüğünde yüzü sararmış ve dudakları titriyordu" diye anlatıyor.

Bu tabloyu bir köşede seyreden Şeyh'ül-İslam Ziyaeddin Efendi, Hacı Nuri Efendi'nin kararında bir değişiklik olup olmadığını sordu:

"Birader!.. Fetva üzerine başkaca mütalaanız var mı?"

Hacı Nuri Efendi, soruya cevap verme yerine titreyen elleri ile masanın üzerinde duran fetva nüshasını aldı, kalemi mürekkebe batırdı. Fetvanın belli yerlerine imzalar koydu.

90.000 Rakamının Patenti Türk Analarına Aittir

Sarıkamış harekâtı esnasında kaç askerimiz şehit oldu konusu hala tartışılmaktadır. Kafkas Cephesinin başında (Kasım 1914) asker sayısı General Fahri Belen Tarafından 189 562 olarak gösterilmiştir (Birinci Dünya Harbinde Türk Harbi). Köprüköy ve Azap savaşlarında gerek ileri giderken, gerekse çekilirken verilen onbinlerce şehidi ne yapacağız. Şu anda yapıldığı gibi yok saymak doğrumudur?

1916'da tekrar saldırmaya başlayan Ruslar açılan Anadolu kapılarından 250 km içerilere girdiği zaman katlettikleri ve esir aldıkları onbinlerce sivil ve askerimizi nereye tasnif edeceğiz. Liman von Sanders Sarıkamışa giden 90 bin Türk askerinin 12 bininin geri döndüğünü yazmıştır, Hüsamettin Tugaç'a göre şehit ve esir sayısı 40 bindir. Rus yazar Paul Muratoff Türk kayıplarını 75 bin olarak tahmin etmiştir, Türk Kültürü Dergisinde de Türk ordusunun kayıpları 75 bin olarak verilmiştir. İlhan Selçuk *Yüzbaşı Selahattin'in Romanı*'nda 112 bin kişilik Türk ordusundan 53 bin askerin donarak öldüğünü, 7 bininin esir düştüğünü, 30 bininin hastalanarak savaşamaz hale geldiğini yazmıştır. General Hüseyin Işık Harekâta katılan 118 bin askerden 18 bininin geri döndüğünü, hasta ve yaralılardan 10 bin askerin daha kurtarıldığını belirtmiştir.

İngiliz binbaşı M.Larcher

Türk Ordusunun harekât sırasında Kafkasya'da 40 binden fazla esir, 90 binden fazla kayıp verdiğini yazmıştır. Necati Ökse Türk kayıplarını 60, Rus kayıplarını 32 bin olarak verirken, Ergünöz Akçora Allahuekber Dağları'nda 20, Sarıkamış civarında 78 bin Türk askerinin donduğunu ifade etmiştir "

Bu konudaki verilen rakamların farklılığı dikkate

alındığında ortaya çıkan sonuç şudur; bizler bu savaşta ne kadar asker kaybettiğimizi korkarım hiçbir zaman kesin olarak öğrenemeyeceğiz. Bu gün şehit sayısı tartıştırılarak bazı gerçekler saptırılma yoluna gidilmektedir. 90.000 rakamının patenti kimseye ait değildir; Sarıkamış'ı Enver Paşa'nın sansürüne, akademisyenlerin - tarihçilerin konuya olan ilgisizliğine rağmen ağıtlarıyla, türküleriyle unutmayan, unutturmayan halkımıza aittir.

Bu güne kadar, Sarıkamış diye kırıldı 35 000 evin ocağı veya 65 000 evin ocağı şeklinde bir ağıta rastlanmamıştır. 90 bin rakamı ağıtlar ve manileriyle Türk halkına, şehit analarına, şehit yavuklularına aittir.

İttihatçıların Akıl Hocası Gökalp

İttihat Terakki'nin ideologlarından ve Türkçülük fikrinin ünlü simalarından biri olan Ziya Gökalp hayatının son anlarında Fransız hastanesinde yatarken ebedi âleme intikal etmeden bir gece önce, mukaddesata galiz hakaretler ede ede ve başını duvarlara vura vura ölmüştür...

Cesedi hastane morgunda Hıristiyan geleneklerine göre muamele yapılarak kaldırılmıştır...[19]

31 Mart'ı Gerçekleştirenler

Alman imparatoru Kayser Wilhelm, II. Abdülhamid'in tahttan indirilmesi üzerine yaptığı açıklamada söyledikleri bir hayli ilginçtir. Bu sözler aslında Birinci Dünya Savaşına giden yolun nasıl açıldığını göstermesi bakımından da dikkat çekicidir. Kayser Wilhelm, *"Bu ihtilâl, Paris'te yaşayan genç Türklerin işi değildir. Bu yalnızca Alman Subayları nezaretinde yetiştirilen Türk subayları tarafından gerçekleştirilmiştir ve tam anlamıyla askerî bir ihtilâldir. Bunlar Alman olan her şeye bütünüyle eğilim duymaktadırlar.*

19 Bozgeyik, Burhan; Meşhurların Son Anları,Türdav, İst. / 1993, s.322

Osmanlı ülkesinde ilk Mason mabedi

Büyük ülkeler Osmanlı politikasını etkilemek için Masonluk'tan destek umuyordu. Şehzade Murat bu amaçla tekris edildi. Sultan Abdülaziz'i etkileyip kendi oğlunu Mısır Hidivliği'nde ön sıraya sokan İsmail Paşa'ya kızan Mısırlı Prens Halim Paşa, siyasette etkinliğini artırmak için Masonluğu kullanmayı denedi. Hem Fransız hem de İngiliz üstatlarıyla işbirliği yaparak Mısır Büyük Locası'nın büyük üstatlığına getirilmeyi sağladı. Yerli halktan da buna yeni üyeler katılmasını gerçekleştirdi. İkinci aşamada, Osmanlı hükümetini etkilemek için Türkiye Bölge Büyük Locası'nın büyük üstatlığına seçilmek için girişimlerde bulundu. 1869 yılındaki seçimde kazandıysa da anında karar değiştirildi ve "daha sağlam ve uygun" denilerek İstanbul'daki ABD elçilik maslahatgüzarı Brown onun yerine atandı. Böylece, Osmanlı devlet politikasını etkilemek için Masonluk'tan doğrudan yararlanma girişimleri çağı başlamış oldu. [20]

Ölüsünden Korktuk

Yenilmez armadanın gemileri Basra vilayetinin hemen yanı başında ki ufacık bir koyu bombardımana tutmuştur. Yüzlerce otuzluk mermi 15 kişilik bataryadan müteşekkil mehmedciğin üzerine sağnak sağnak yağmaktadır. İngiltere Kralının Hindistan donanması Birinci Dünya savaşında bize karşı ilk harekâtına başlamıştır.

---

20 Orhan KOLOĞLU Sabah Gazetesi 2005/03/15

Daha sonra İngiliz savaş muhabiri Harold Lewish anlatacaktır: "Sahildeki Türk mevzii donanmanın topları tarafından susturulduktan sonra sahile çıktığımızda donanmaya karşı direnen tek mevziiye merakla yaklaştım... Alnının ortasındaki kurşun deliklerinden akan kanının deniz suları ile tertemiz yıkandığı, sadece açık kalan ve hasmına acıyan gözlerin sahibinin, dudakların üzerindeki kızıl renge boyanmış pos bıyıkları güneşte garip bir şekilde parlıyordu. Rövalverini üniformasının göğsüne sokuşturmuş, bir eli palaskada, diğeri hırsından ıslak kumlara gömülmüş bu subayın ölüsünden ürküp, korkmuştuk. Yirmi metrelik çember içerisinde 30 vücut parçası bulundu. Hepsi parçalanmış ve ikiye bölünmüştü..."

İngilizler 7 Ekim 1914 günü yayınladıkları harp tebliğlerinde *"Fav kumsalında ezici Türk kuvvetleri imha edilerek sahile çıkılmıştır"* derken milyon kere milyon yalan söylüyorlardı. Bu ifadeler, toplam 95 bin tonluk, çelikten yapılmış bir donanma ruscuklu Yüzbaşı Mustafa Feyzi

Efendi komutasındaki tek bir mantelli topa sahip 15 şehid karşısında korkularının itirafıydı.

Allah Şahittir

Yer Sina Çölü. Tarih 1916 yılının Temmuz ayı 19 Çarşamba günü. 16 Alayımızın 47. Taburumuza karşı İngilizler var güçleriyle bir saldırı başlatmışlardır. Yıllar sonra esir kampından gönderilmiş ve üzerine İngilizce *"harp esirlerine mahsus"* damgası vurulmuş mektup o günü şöyle anlatır.

"1334 senesi Temmuz ayının 19. Gecesi saldırdı İngiliz. Ben tabur yaveriyim. Sağımızda birinci, solumuzda üçüncü taburlar vardı amma, ordu ana kuvvetleri ile bağlantımız kalmamıştı. Hepimiz 150 kişiden ibarettik. Düz hat üzerine mevzilenmiştik. Ben siperde değildim ama yaralanmadım. Velâkin, çoğumuzu kaybettik. Tabur kumandanımız remzi mülâzım-i sani sami ve zabit vekili Nuri Efendi eridiler. Ben, kolordu tabur kumandanı Binbaşı İhsan ve kolordudan miralay(albay) Rüştü esir düştük."

Ve Allah şahittir ki, son kurşununu da harcadıktan sonra teslim olmuş, son taburdan sağ kalanlar...Sonrası Kuesna kampında kumlar üzerinde güneşten kavrulan kulübelerde devam eden uzun ve acı esaret yılları. Esaret kampında kaybettiğimiz yüzlerce Anadolu çocuğu.

Bu gün onları hatırlayanlarımız var mı acaba? Yoksa yağmurlara doymak bilmeyen çölleri kanları ile sulayan mehmedler serap mıydılar?

Kumdan Kabirler

Tarih 29 Mayıs 1915 yer Ammare önleri. Süleyman Askeri bey'in yerine kumandayı ele alan Nurettin Bey geri çekilmek zorunda kalmıştır. Ammereyi boşaltan Nurettin Bey İngiliz kumandanı General Towshend'e bir mesaj bırakır. Ammarede'deki seyyar hastanemizdeki 152 aziz gazimiz, onun şerefine emanet edilmiştir. Bir Cuma günü İngilizler Ammareye girerler, öğle namazından sonra. Karşılaştıkları bir faciadır. Towshend Londraya gönderdiği raporun suretini Nurettin Bey'e de ulaştırmıştır: Seyyar hastanemizde ki Allah'ın güzel kulları 152 mehmedimiz, ameliyat masasında, koridorlarda, yataklarında, doktorları ile birlikte ölü bulunmuşlardır. O şehitlerimiz bugün Ammare'deki Ferzan kabristanında ebedi uykularında...

Kaynaklar birinci dünya savaşında tam dokuz cephede savaşan seferi kadromuzun 2.850.000 kişi olduğunu bunlardan 941.000 öldüğünü,990.000nin hasta ve yaralı olarak geri döndüğünü,358.520 nin kayıp olduğunu yazarlar.

Anadolu'nun aziz anaları acılarını yüreklerine gömerek türküler ağıtlar yakmışlar. Ano yemendir, gülü çemendir. Giden gelmiyor acep nedendir.

Asıl türkü yemen türküsü değil ihanetin türküsüydü. Mağlup olmak yenilmek, elbette ki insanın onuruna dokunur ruhları, incitir, yürekleri burkar. Ama ihanete uğramak bunlardan acıdır. İnsanı yıkar, devletleri yok eder, etmiştir de.

Atalarının tam dokuz cephede nasıl, niçin ve ne pahasına vuruştuklarını bilmek bugünkü nesillerin görevi olmak gerekmez mi?

Siyah Ekmek

Trablusgarp ve Balkan Savaşı ile I.Cihan Harbinin bu talihsiz padişahına o sıkıntılı günlerde halkın yediği siyah ekmek gösterildiğinde başını önüne eğerek hüngür hüngür ağlar. Ertesi gün derhal Enver ve Talat Paşaları çağırıp ekmeğin çaresine bakılması için şiddetli emirler verir. Hanımı Dilfirip Hanımefendinin anlattığına göre, hadisenin tesirinden günlerce kurtulamaz ve *"Benim zamanımda millet siyah ekmek yiyor da haberim olmuyor. Milletin yüzüne bakmaya utanıyorum."* Diyerek oldukça müteessir olmuştur.

Sultan Reşad'ın şehzadelerin maaş meselesinde gösterdiği ince düşüncede darb-i mesel olacak kadar şayan-ı dikkattir.

Şehzadelere maaş tahsis edilmesi hususundaki kararlara ihtiraz ederek şöyle der;

—Bir mülazım bile evladı u ayalini kendisi idare ediyor. Aileme bakmakta benim boynumun borcudur. Milletin bana verdiği maaş kâfidir, onlara ben bakarım.

20 Temmuz 1915. Yer Çanakkale...

Savaş bütün dehşetiyle sürüyordu. Reuter Telgraf Ajansı'nın Çanakkale muhabiri, Londra'daki ajans merkezine savaşın gidişatını anlatırken insanî boyutu öne çıkan bir haber geçer: "Türkler pek merdane ve soylu bir tarzda harp ediyor. Bunlardan biri şiddetli ateş altında olduğu halde askerlerimizden birinin yarasını sarmak gayretinde. Diğeri yaralı bir Avustralyalı askerin yanına bir şişe su bırakarak insanî bir harekette bulunuyor. Mert Türk askerlerinden bir başkası İngiliz siperlerinden uzak bir mevkide yaralı düşüp saatlerce aç ve güçsüz kalan İngiliz askerine ekmek vererek yüce bir davranış gösteriyor. Türklerle çarpışan İngiliz askerlerinin hemen hepsi Türkler tarafından İngiliz esirlere iyi muamele yapıldığı konusunda hemfikirdir."

İsrail Devletinin Kuruluşu Çanakkale'den Geçti

Çanakkale Muharebeleri'nin bir diğer ilginç uluslar arası yönü, İsrail Devleti'nin kuruluşuna varan siyasal ve hukuksal gelişmeler içinde çok önemli yeri olan ve Musevi ulusuna, Filistin'de bir yurt verilmesi ifadesinin ilk kez yazılı olarak yer aldığı 1917 Balfour ile olan yakın ilişkisidir. Çanakkale Savaşları'nın bu yönü, incelemenin konusunu oluşturmaktadır.

Birinci Dünya Savaşı'nda Siyon Birliği Oluşturup Osmanlı Devleti'ne Karşı Savaşma Düşüncesinin Doğup Gelişmesi Osmanlı Devleti'ne karşı İngiltere yanında savaşmak amacıyla gönüllü bir Siyon birliği oluşturulması fikri aslında Çanakkale'de yeni bir cephe açılmasından önce ortaya atılmıştır. Fikrin ilk kez resmen gündeme gelişi, Osmanlı Devleti'nin Ekim 1914'te Almanya yanında savaşa girmesiyle aynı tarihe rastlar. Kuşkusuz böyle siyasal düşüncenin uygulamaya konmadan önce gelişip güçlenmesi için belli bir süre gerekmiş ve bazı uluslar arası siyasal faktörler, bu yönde etkili olmuştur. Aslında çok yönlü ve karmaşık olan gelişmeler, şu başlıkları altında özetlenebilir:

1. 1880'li yıllardan beri uluslar arası siyaset alanında faaliyet gösteren Dünya Siyonist Örgütü'nün Filistin toprakları üzerinde Musevilere bir yurt kazandırılması yönündeki artan çaba ve girişimleri,

2. Osmanlı Devleti'nin çöküşünün 1912 – 1913 Balkan Savaşları'yla birlikte iyice hızlanması, tüm Balkan uluslarının peşpeşe bağımsızlıklarını alışları: Böylece, imparatorluğun sadece Müslüman halkların oturduğu topraklarla sınırlı hale gelmesi. Onların da gelişmelerden etkilenmeye başlaması. Dahası din faktörü yerine milliyetçilik akımının giderek ağırlık kazanması,

3. 1906'dan beri Ortadoğu petrolünün uluslar arası siyasette önem kazanması ve büyük güçler arası rekabetin hızlı bir şekilde Ortadoğu'ya kayması.

4. İngiltere'nin Osmanlı Devleti'nin Birinci Dünya Savaşı sonucu dağılmasıyla doğacak Ortadoğu'daki güç boşluğunu doldurmak amacıyla Osmanlı Devleti sınırları içerisinde yaşayan Arap, Ermeni, Rumi Musevi, Kürt ve diğer etnik grupları bu amaçla kullanmaya yönelik yoğunlaşan siyasal faaliyetleri.

Vladermir Jabodinsky ve Siyon Birliği'nin Oluşturulması Fikri:

Osmanlı Devleti'ne karşı gönüllü Siyonistlerden oluşacak birlik kurarak İngiltere yanında çarpışmak fikrini ilk kez ortaya atan Vlademir Jabodinsky'dir. Jabodinsky, daha başlangıçtan beri gönüllü bir Siyon birliği oluşturup İngiltere ve Fransa yanında çarpışmak fikriyle Filistin'de Musevilere bir yurt edinme konusunu birlikte düşünmektedir. Ona göre yüzyıllardır dünyanın dört bucağına dağılmış, zor koşullar altında yaşayan Musevilerin millet olmaya hak kazanabilmeleri ancak askeri bir disiplin geliştirmeleri ve savaşta ön saflarda çarpışıp kendilerini tüm dünyaya kabul ettirebilmeleriyle mümkün olabilecektir. Bu amaca ulaşabilmek için de ilk elde, sembolik olsa bile, uygun bir zamanda girişilecek bazı çabalarla İngiltere'nin doğal müttefiki olduklarını kanıtlamak gerekirdi. Böylece I. Dünya Savaşı sona erdiğinde Osmanlı Devleti'nden kopacağına kesin gözüyle baktığı Filistin'de, İngiltere'nin desteğiyle Museviler lehine bazı siyasal düzenlemeler gerçekleştirebilirdi. Burada hemen şu noktayı belirtmek gerekmektedir: Jabodinsky, Osmanlı Devleti'ne karşı İngiltere yanında girişilecek böyle bir savaşın sadece Filistin'de açılacak yeni bir cephede verilmesini istemekte, başka bir cephede savaşmayı düşünmemektedir. Başka yerde çarpışmak, amaca ulaşmaya giden yolu uzatacak işi geciktirebilecektir. Daha sonraki uluslar arası siyasal gelişmeler ışığında değerlendirildiğinde Siyonist Katırlı Birliği'nin Çanakkale Muharebeleri'ne İngiltere yanında katılarak rol oynaması, Musevi liderlere hedefledikleri şu iki amacın gerçekleşmesini sağlamada yardımcı olmuştur denilebilir:

1. Kasım 1917'de yayınlanan "BALFOUR BİLDİRİSİ" ile İngiltere, ilk kez resmi bir belgede, Musevilere, Filistin'de bir yurt verilmesini fikrini benimser. Bildirinin bu konuyla ilgili kısmı aynen şöyledir:

"Majesteleri'nin Hükümeti adına sizlere Musevi – Siyonist emellerine karşı sempatimizi ifade eden ve hükümet adına onaylayan bu bildiriyi sunmaktan büyük zevk duyuyorum:

Majesteleri'nin Hükümeti, Musevilere, Filistin'de milli bir yurt kurulmasına olumlu bakmaktadır ve bu amaca ulaşılmasını kolaylaştırmak için elindeki bütün imkânları kullanacaktır. Bu cümleden, Filistin'de yaşayan Musevi olmayan toplumların medeni ve dini haklarına yahut herhangi başka bir ülkede yaşayan Musevilerin haklarına ve siyasi statülerine zarar verecek hiçbir şey yapılamayacağı açıkça anlaşılmalıdır."

2. I. Dünya Savaşı sonrası toplanan Barış Konferanslarında Filistin ve Siyonizm konusu gündeme getirildiğinde, büyük devletlerin davaya olumlu bakışını olumlu ve desteğini sağlamada etkili olur. Nitekim fikrin babası ve uygulayıcılarından biri olan Jabodinsky de bu gerçeği, daha sonra anılarında açıkça şöyle ifade edecektir:

"Ben Gelibolu'ya gitmedim. O nedenle size, gönüllü birliğin hikâyesini anlatamam. Ama şunu açıkça belirtebilirim: Trumpeldar o zaman görüşlerin de haklıydı... Savaşmak amacıyla Gelibolu'ya gidiş, Siyonizm'e yepyeni ufuklar açmıştı. Eğer biz, 2 Kasım 1917'de Balfour Bildirisi ile Filistin'de yurt denme konusunda söz aldıksa, buna ulaşan yol Gelibolu'dan geçmiştir."

Şerif Hüseyin İsyan mı Ettirildi?

Birçok hatırat'ta Şerif Hüseyin'in Hicaz'da çıkardığı isyan ile ilgili olarak "İsyan'a adeta göz yumulduğu" şeklinde ifadeler vardır.

Şerif Hüseyin, Arap isyanının sembol ismidir. Ayni zamanda yaptıklarıyla Türk-Arap polemiğine malzeme veren bir kişidir.

Peki, Şerif Hüseyin'in II. Abdülhamid tarafından sakıncalı görülerek İstanbul'da tutulduğunu biliyor musunuz?

II. Abdülhamid, onu İstanbul'da Şura-yı Devlet üyesi olarak bulundurmuştu.[21]İttihatçılar, yönetimde etkili olmaya başladıktan sonra onu Mekke Emiri yapmış [22] Ve Mekke yönetimine tayinle gelmişti.

Hangi Şartlarda Padişah Oldum

İkinci Abdülhamid Han tahta çıktığı günleri hatıralarında şöyle anlatır;

"Ben, hangi şartlar altında ve nasıl bir zamanda padişah oldum? Bunu hatırlamak isterim. Bosna-Hersek ayaklanmış, Karadağ ordumu sarmış ve yenmiş; Sırbistan düzenli ve tehlikeli bir kuvvetle ülkemize savaş açmıştı. Bu badireden ve o müthiş Rus muharebesi doğdu.

Bu savaşı doğuran iç ve dış olaylar benim saltanat günlerimin işi değil! Ben iki padişah'ın ardarda halinden, 93 günlük bir hükümet buhranından ve bir saltanat boşluğundan sonra padişah olmuştum.

Millet rüştünü ve erginliğini iddia ediyordu."

Otuz Üç Yıllık Siyasetin Sırrı

Sultan Abdülhamid Han otuz üç yıl süren ve devleti büyük badirelerden kurtaran saltanat yıllarının sırrını ise şöyle anlatır.

"Büyük devletlerarasındaki rekabetin eninde sonunda

---

21 Fahri Belen:20 nci Yüzyılda Osmanlı Devleti S.282,Remzi Kitabevi,1973,
22 Faruk Yılmaz XX.Yüzyıl Başında Alman emperyalizmi ve Türkiye S.28,Berikan Yay.Ankara 2002

onları çatışmaya götüreceği gözler önündeydi. Öyleyse Osmanlı Devleti de böyle bir çatışmaya kadar parçalanma tehlikesinden uzak yaşamalı ve çatışma günü ağırlığını ortaya koymalıydı.

"İşte beni 33 yıl süren siyasetimin sırrı."

Wambery diyor ki:

"Açıkça söyleyeyim ki; sultan Abdülhamid gibi devlet mekanizmasını tüm kurallarını elinde tutan başka bir lider dünyada yoktur. O kelimenin tam anlamıyla yönetimin yüreği ve eksenidir."

Balkanların Kaybedilme Nedeni

Sultan Abdülhamid Han Otuzbir Mart askeri darbesi ile tahtan indirilip Selanik'te zorunlu ikamete tabii tutulmuş, bu arada Balkan Devletleri ittifak yaparak Osmanlı devletine savaş ilan etmişlerdi. İşte o günlerin birinde Alâtini Köşkü muhafız kumandanı kolağası Râsim Celâleddîn Bey, sultan Abdülhamîd Han'la konuşmak için izin isteyerek huzûruna gelip;

-Zât-ı hümâyûnunuzu rahatsız ettim. Beni mazur görünüz, dört düvelle harp halinde olduğumuzu söylemem gerekiyor!: deyince, sultan hayretle;

-Dört düvelle mi ?.. Kim bunlar Rasim Bey? Hemen Allah ordu-yı hûmâyûna nusret, kuvvet versin, inşallah zafer bizimdir? Diye sordu.

Rasim Bey başını yere eğmiş, ağlayacak gibi konuşuyordu:

—*Yunanistan, Bulgaristan, Karadağ ve Sırbistan'la hakanım. Ve maalesef yenilmek üzereyiz!*

Sultan;

Dört düvel birleşirde haberimiz olmaz mı Rasim Bey? Bu nasıl bir gaflettir! Hem bu devletler birleşemezler ki!.. Aralarında kilise kavgası var... Yıllar yılı süren Makedonya boğuşmasını hatırlıyor musunuz? Diye sordu.

Rasim Bey;

—**Meclis-i meb`ûsan ve âyan, kiliseler kanunu çıkararak, bu sorunu hal etti ama başımıza bu işlerin açılacağını kim bile bilir di ki? Selanik bu gün yarın düşmek üzere... Sizi İstanbul'a götürecekler. Bunu hemen size haber vermek için emir aldım.** dedi.

Buna çok üzülen Sultan Abdülhamid Han büyük bir öfke ile;

—**Rasim Bey! Rasim Bey! Selanik demek, İstanbul'un anahtarı demektir! Ordunuz nerede, askerimiz nerede?**

*Nasıl bırakılıp ta gidilir? Bırakıp gidersek tarih ve ecdat bizim yüzümüze tükürmez mi? Hayır, ben razı değilim! Yetmiş yaşında olduğuma bakmayın... Bana bir tüfek verin, asker evlatlarımla beraber Selanik`i ben son nefesime kadar müdafaa edeceğim!* Dedi. Fakat Sultan Reşat`ın selamı ve ricası iletilince; bir Osmanlı hanedanı mensubu olarak padişahın iradesine boyun eğmek durumda olan Sultan Abdülhamid Han, İstanbul'a nakledilmesini kabul etti.

Camiler Hastane Oldu

1912'de ABD başkanı Wilson'a Türkiye'ye atanacak büyükelçi sorulduğunda,"Türkiye yok ki elçi göndermeğe ihtiyaç olsun" demişti. Cemil topuzlu Paşa İttihat Terakki'nin sebep olduğu Balkan bozgununun yaşandığı o korkunç yılları şöyle anlatır:

"..Şehremattin'in kasası bomboş;ne doktor, ne hastabakıcı, ne de hastane var. Binbir müşkülatla biraz para buldum. Birçok büyük otelleri ve yalıları boşalttırdım. Böylece şehrin muhtelif semtlerinde küçüklü büyüklü doksana yakın hastane açtım...O esnada kartal'daki askerler arasında bir de kolera çıkmasın mı?

Birkaç saat sonra Ayasofya, Sultanahmet, Şehzadebaşı camilerine el koymuş bulunuyordum. Bütün halıları kaldırttıktan sonra koleralıları oralara taşıttım. Camilerin etrafına gayet sıkı bir askeri kordon koydurttum... sarayburnu'nda,sirkeci istasyonu civarında,bostanlar içinde en aşağı üç, dört bin koleralı sürünü duruyor. Bunları şehir içinde barındıracak hiçbir yerim kalmadı. Bulundukları sahayı kordon altına aldırdım. Yüzlercesinin ölüsü meydanda duruyordu. [23]

---

23 Cemil Paşa (Topuzlu) 80 Yıllık Hatıralarım. Nobel Tıp Kitabevleri, 5.baskı s.148-151

Savaş Batı'da Kazanılacaktır.

1916 Şubat'tır. Sarıkamış Harekâtı büyük bir drama dönüşmüş, Enver Paşa cepheyi terk ederek İstanbul'a geri dönmüş, Hafız Hakkı Paşa tifüs'ten ölmüş, onbinlerce asker karlar altında sahipsiz mezarsız, hastanelerde kimsesiz kalmıştır. Doğu Anadolu Ruslar tarafından işgale başlamıştır. Erzurum işgal edilirken vali Tahsin Bey Enver paşa'ya bir telgraf çekiyor: 'Erzurum'u teslim ediyoruz.' Enver paşa'nın verdiği cevap bu dramın senaryosunu anlatıyor bize: 'hiç tereddüt etmeden Erzurum'u terk ediniz, Erzincan'a kadar çekiliniz. Savaş batı'da kazanılacaktır!

23 Günde Beylikten Paşalığa

İttihat terakki partisinin güçlü ismi, Enver Bey 23 günde yarbaylıktan paşalığa yükselmiş, ordudaki hiyerarşik düzeni alt üst etmiştir. Enver bey'i Yarbaylıktan paşalığa oradan harbiye Nazırlığı ve başkomutanlık Vekilliğine yükselen süreci başlatanlar çoğu siyasi cinayetlere bulaşmış cemiyet arkadaşlarıydı.

Eşref Sencer Kuşcubaşı(Teşkilat-ı Mahsusa Kurucusu ve başkanı) Atıf Kamçıl, (meşhur Şemsi Paşa'yı vuran genç teğmen. Daha sonra Çanakkale mebusu),Süleyman Askeri, Selim Sami, Mümtaz(Enver Paşa'nın başyaveri), Abdülkadir (Ankara valisi, asıldı.),Topçu İhsan (Ankara İstiklal Mahkemesi Reisi bahriye vekili İhsan Eryavuz), Sapancalı Hakkı (Daha sonra hükümet darbesinden mahkûm),Hüsrev Sami (Mebus iken vefat etti.), Yakup Cemil, Enver Paşa'nın yanında büyük bir soğukkanlılıkla (Harbiye nazırı Müşir Nazım Paşayı vuran ve hakkında hiçbir takibat yapılmayan fedai daha sonra kurşuna dizildi) Ali Bey, İstiklal Mahkemesi reisi Ali Çetinkaya),Nail Bey, İttihat Terki üyelerinden. Asıldı.) Cihangiroğlu İbrahim Bey (Kars şuralar Cumhuriyeti Reisi) [24]

Edirne'nin Bulgarlardan geri alınması Enver Bey'in hayatında yeni bir dönüm noktası olmuş, İstanbul'a döner dönmez arkadaşlarının teşvikiyle "Harbiye Nazırlığı"nı istemeğe başlamıştır.

Dâhiliye Nazırı(İç İşleri Bakanı) Talat Bey önce karşı çıktı. Ahmed İzzet Paşa'dan memnun olduklarını söyledi.

---

24 Tarih Konuşuyor. Aylık Dergi . cilt 1 sayı 2 mart 1964. Sh 138

Ama Enver Bey ve İttihat-Terraki'nin fedaileri diretiyorlardı. Enver ordunun başına geçmeliydi.[25]

...Ve içişleri bakanı Talat Bey Nişantaşı'ndaki konağına giderek Ahmed İzzet paşa ile konuştu. İkna etti. Ertesi gün paşa istifa etti. Enver Bey 18 Aralık 1913'te albaylığa, 19 gün sonra, 1 Ocak 1914'te paşalığa ve Harbiye Nazırlığı'na(Savaş Bakanlığı'na)yükseltildi. Ayni zamanda Naciye Sultan ile evlenerek saraya damat oldu.[26] Kısa zamanda ikbali açılmıştı. Avrupa olan biteni izliyordu. Alman İmparatoru çok mutluydu. Kapalı kapılar ardında dostluk kurduğu ve her türlü yardım sözü verdiği genç subay Osmanlı devleti yönetimin ele geçirmişti.

25 Cemal Kutay Türkiye İstiklal ve Hürriyet Mücadeleleri tarihi C.17. Sh.10047
26 Birinci Dünya Savaşı Tarihi Cilt 1 sh.87Görsel Yayınlar. İstanbul 1976

Enver Paşa Savaşırken Alfabe İcat Etmişti

Türkler tarafından yaklaşık bin sene boyunca kullanılan Arap harflerinin eğitimi zorlaştırıp zorlaştırmadığı konusunda Osmanlı İmparatorluğu'nun son yıllarında tartışmalar yaşanmış ve bazı aydınlar, Arap harflerinin yerine Latin alfabesinin kullanılmasını teklif etmişlerdi.

İkinci Abdülhamid döneminde, Meşrutiyet'in ilánı ile beraber Arnavutlar'ın Osmanlı alfabesini terkedip Latin harflerini kabulü esnasında Celál Nuri ve Abdullah Cevdet, Türklerin de açık açık 'Latin harflerini kabulünü' istediler.

Tartışmaların devam ettiği Birinci Dünya Savaşı'nın hemen öncesinde, Osmanlı İmparatorluğu'nun güçlü adamı Enver Paşa, askeriyenin resmi yazışmalarında 'huruf-ı munfasıla' adı verilen yeni bir yazı sisteminin kullanılmasını emretti, hatta savaşın telgrafları bu yazı ile gönderildi. Zamanın harekât subaylarından olan İsmet Bey (İnönü), savaş zamanında yapılacak böylesine köklü bir reformun raporların gecikmesine yol açacağını ve bunun da savaşın sonucunu olumsuz etkileyeceğini söyleyerek Paşa'yı 'Eserinizi, zafer sonrasına erteleyiniz' sözleriyle vazgeçirdi.

Birinci Dünya Savaşı, Enver Paşa'nın alfabe hayallerinin önüne set çekti. Ve tekrar eski Osmanlı alfabesine dönüldü. Türkiye, yeni alfabesiyle artık 1928'de tanışacaktı.

Türkler Ölmek İçin vardırlar

Birinci dünyasında müttefik olduğumuz Almanların Türk askerine biçmiş oldukları rol çok ilginçtir.

Almanlara göre Türk ordusu zafer kazanmasından ziyade Almanlara karşı itilaf ordularının üzerindeki baskısını azaltma aracı idi.

Bu sebeple ne Sarıkamış önlerinde ve Allahuekber dağlarında ne de kanal cephesi ve Çanakkale'de yüzbinlerin şehid olması onları hiçbir surette onlarda üzücü bir tesir bırakmamıştır.

İşte şahidin ifadesi: "Almanların amacı, Türklerin mısır'ı alması değil, İngilizlerin kanal'da tutulması ve Almanların rahat olmasıydı. hatta von kress,'bir defa buraya gelen kuvvetin vazifesi geri dönmek değil, ölmektir.'diyordu."[27] Alman büyük elçiliği ise şöyle diyordu."Türkler kazanırsa bu bizim için çok kötü olur" demişti.[28]

Son Halife'nin Dramı

Son halife II. Abdülmecit Han'ın, sürgün edildikten sonra diyar-ı gurbette vefat etmesi üzerine, kızı Dürrüşehvar Sultan'ın İstanbul'a gelerek Savanora yatında İsmet İnönü'yü ziyaret gelmiş ve kendisinden babasının vatan toprağına gömülmesini rica etmişti...

Altı asır cihanı aydınlatan bir neslin son temsilcisinin bu vatan toprağına gömülme isteğinin; halk tarafından mezarının bir ziyaret yerine dönüştürülebileceği endişesiyle İsmet İnönü tarafından reddetmiş ve II. Abdülmecit Han Hindistan Hükümeti'nin araya girmesiyle Suudi Arabistan makamlarından izin alınarak Medine'de ki Cennetü'l-Baki kabristanına defnedilmişti...[29]

---

27 Falih Rıfkı atay, zeytin dağı. Sh131.İstanbul 1989
28 Mehmet KAFKAS. Geçmişi Bilmek. S.48Nil yayınl rı İzmir 1996
29 Aşiroğlu,Orhan Gazi; Son Halife Abdülmecit,Burak , ay., İst/1992,s.137-145

MİLLİ MÜCADELE ÖNCESİ ANADOLU

Karabekir'in Hatıratında Vahdettin

Kâzım Karabekir'in yakılan kitabı "İstiklal Harbimiz"in esasları'nın ilk baskısında (1933) Sultan Vahdettin'le son görüşmesine dair hatıraları, kitabın sonraki baskılarında açıkça sansüre tabi tutulmuştur. Hâlbuki vahdettin, 11 Nisan 1919 günkü görüşmesinde, birkaç gün sonra Trabzon'a giderek yeni görevine başlayacak olan General Kâzım Karabekir'e dönüp, "paşa, ben ve millet sizlerden ümitliyiz... Hayır dualarım ve niyâzlarım sizinle beraberdir" demiş, Karabekir paşa da kendisine şöyle cevap vermişti: "kumandan ve asker evlatlarınızla bütün millet zât-ı şahaneleri etrafında bir kalp ve bir kafa gibi toplanabilir Şevketmeâb." üstelik Karabekir paşa dışarı çıkınca onu heyecanla bekleyenler arasında bir tanıdık da vardır kapının önünde: fahri yaver-i hazret-i şehriyarı Mustafa Kemal Paşa, hemen Karabekir'e sorar: neler konuştunuz? Karabekir, padişah'ın kendisini hayır dualarla yolculadığını anlatınca Mustafa kemal paşa şu anlamlı tespiti yapar oracıkta:

sen Erzurum'a yerleşince vatanın üç uç noktasında üç temel dayanak noktası teşekkül ediyor." Ne yazık ki, istiklal harbimizin esasları'nın 1951 ve sonraki yıllarda yapılan baskılarında bu ve benzeri ifadeler sansüre uğramıştır.

Mustafa Kemal yukarıdaki sözüyle ne demek istemişti. Gayet açık: Vahdettin ve İstanbul hükümeti daha önce Cafer Tayyar Paşa'yı Edirne'ye, Ali Fuat Paşa'yı Ankara'ya gönderdikten sonra üçüncü büyük kozunu oynamış ve Karabekir Paşa'yı Erzurum'a tayin ettirmeyi başarmıştır.

Böylece direnişin Edirne, Ankara ve Erzurum ayakları tamamlanmış, sıra bunları toparlayacak ve organize edecek bir genel müfettişliğe gelmiştir ki, bir ay sonra bu göreve olağanüstü yetkilerle padişahın yaveri olan Mustafa Kemal Paşa atanacak ve 15 Mayıs 1919 günü yine Vahdettin'le görüştükten sonra dördüncü ve merkezî ayağı oluşturmak üzere Samsun'a doğru yola çıkacaktır. Nitekim bu görüşmeyi sonraları Falih Rıfkı Atay'a anlatan Atatürk, Vahdettin'in kendisine, *"şimdiye kadarki başarılarınızı unutun, asıl şimdi yapacağınız hizmet hepsinden mühim olabilir. Paşa, paşa, devleti kurtarabilirsin"* dediğini nakletmiştir. Bizzat Karabekir ve Atatürk'ün ağzından yaptıkları anlatılan vahdettin nasıl hain olabiliyor?

İngiliz Gizli Belgeleri Ne Diyor?

Aslı Britanya arşivlerindeki gizli yazışmalara göre, işgalci İngilizler, 'esir padişah'ı Samsun'a çıkmış bulunan Mustafa Kemal Paşa aleyhine konuşmaya zorlarlar. Ne var ki, vahdettin kendilerine, Mustafa Kemal Paşa'nın ancak İtalya'nın birliğini sağlayan millî kahramanları Garibaldi kadar "haydut" kabul edilebileceğini, onun yurtseverliğinden kuşku duymadığını, dahası ona saygı ve hayranlık hissetmemenin güç olduğunu söylemiştir.[30] İngilizler de bu sözleri resmen kayıtlara geçirmişler. Vahdettin'in ifadelerinin İngilizce çevirisi şöyle: *"ıt is absurd to label the nationalist movement as the tyranny of a set of non-turkish brigand and patriot in much the same sense that garibaldi was, and is difficult not to respect and admire him."*

---

30 s. ramsdan sonyel, turkish diplomacy 1918-1923, londra 1975, s. 154, dipnot 1'den aktaran: yalçın küçük, türkiye üzerine tezler 5, istanbul 1992, tekin yayınevi, s. 249-250.

Mustafa Kemal Paşa Saraya Damat Olacaktı

Sultan Vahideddin'in iki kızı vardı: Ulviye ve Sabiha Sultanlar... Hükümdarın küçük kızı olan Sabiha Sultan 1894'te doğmuş, ablasıyla beraber batılı bir prenses gibi büyütülmüş, evlenme çağına geldiğinde de birçok talibi çıkmıştı ve taliplerden biri, Çanakkale'deki kahramanlıkları o günlerde dillerde dolaşmakta olan genç bir asker, Mustafa Kemal Paşa idi...

Paşa, Sabiha Sultan'dan hakikaten hoşlanmış mıydı, yoksa ezeli rakibi Enver Paşa'nın seneler önce yaptığını yapıp saraya damat mı olmak istemişti, bunları kimse bilmiyor. Ama evlilik olamadı ve her iki taraf da kendi yollarına gittiler. Sonrası, malum... Mustafa Kemal Paşa, Latife Hanım ile kısa sürecek bir izdivaç yaptı; Sabiha Sultan da son Halife Abdülmecid Efendi'nin oğlu olan kuzeni Şehzade Ömer Faruk Efendi ile evlendi; Nesli şah, Hanzade ve Necla Sultanlar'ı dünyaya getirdi ve hayata sürgün dönüşü yerleştiği İstanbul'da, 1971'in 26 Ağustos'unda veda etti.

Sabiha Sultan, Mustafa Kemal Paşa'nın evlilik talebinden sonraki senelerde yakın dostlarına bahsederken hadiseyi doğrulayacak, hatta 'Kendilerini bir defa görmüş ve hoşlanmıştım. Gayet yakışıklı idiler. Ateş gibi gözleri vardı, alev alev yanıyorlardı. Ama evlenemezdim, zira Faruk'u seviyordum' diyecekti.

Mustafa Kemali Padişah Görevlendirdi.

Mustafa Kemal'in samsuna görevli olarak gitmesinin ardında padişah Vahdettin'in imzası vardı.

...Mustafa Kemal Paşa Hazretleri, Dokuzuncu Ordu Kıt'aları Müfettişliğine tayin olunmuş ve tayin keyfiyeti padişah huzuruna arz edilmek üzere, Sadaret makamına arz kılınmıştır. Adı geçen zatın emri altında bulunacak olan Üçüncü ve Onbeşinci Kolorduların mıntıkalarını ihtiva eden Sivas, Van, Trabzon, Erzurum vilayetleri ile Samsun Sancağı mülki memurlarının Mustafa Kemal Paşa tarafından yapılacak tebliğleri icra etmelerinin emir buyrulmasını istirham ederim." (30 Nisan 1919)

Harbiye Nezareti'nin bu yazısı ile Mustafa Kemal Paşa'ya Sivas, Amasya, Tokat, Şebinkarahisar, Van, Hakkâri, Trabzon, Dize, Gümüşhane, Samsun, Erzurum, Erzincan, Hınıs ve Şarki Beyazıt sancaklarının bütün askeri ve mülki idaresi tam salahiyetle verilmişti. Sadaretin müspet cevap verdiği bu tezkireden sonra Harbiye nezareti, Erkan-ı Harbiye-i Umumi'ye yaptı tamimde "tayinin aynı gün Zat-ı Şahanenin (Padişahın) irade-i seniyelerine arz kılındığını ve İstanbul'da bulunan Paşa'ya tebliğ edildiğini" bildirmişti.

Harbiye Nazırı Müşir Şakir Paşa ile Sadrazam Damat Ferit Paşa, Mustafa Kemal Paşa'ya vazife ve salahiyetlerini gösteren bir talimat yazısı vereceklerdi. Bu talimat yazısında yukarıdaki sancakların Paşa'nın emrinde olduğu teyit ediliyor, ayrıca Diyarbakır, Mardin, Ankara, Kayseri, Kastamonu, Malatya gibi vilayetlerin Dokuzuncu Ordu Müfettişliği'nin her türlü müracaatına cevap vermesi isteniyordu.

Buraya kadar olan gelişmeler göstermiştir ki, Mustafa Kemal Paşa 9. Ordu müfettişliğine tayin edilmiş ve hem Harbiye Nazırı Şakir Paşa hem de Sadrazam Damat Ferit Paşa'dan salahiyetine dair "talimat tezkiresi" almıştır. Yani Paşa'nın gideceğinden, hem aralarında geçen konuşmadan, hem de verdiği "irade"den dolayı Padişahın haberi vardır. Bu derece geniş ve mühim bölgeler üzerinde o döneme kadar çok az kişiye verilen bu salahiyetle, Harbiye Nezaretine sadece bilgi vermek kaydıyla bütün nezaretlere hitap edebilecekti. Açıkçası Mustafa Kemal Paşa bütün orta, doğu, kuzey ve güneydoğu Anadolu üzerinde muvafık gördüğü işleri yapabilecekti. [31]

İzmir Nasıl İşgal Edildi?

İzmir'in işgali bir ABD oyunudur. İzmir Limanına giren İtilaf Devletleri donanması arasında Amerikan Zırhlısı Arizona da bulunuyordu. Zırhlının refakatinde ayrıca dört

---

31 Harp Tarihi Vesikalar dergisi, Genelkurmay Başkanlığı Yayınları, sayı 1,ve 2.Bıyıklıoğlu, Tevfik, Atatürk Anadoluda (1919–1921) 1,Ankara 1959 s.82

Amerikan torpidosu daha vardı. Yunan İşgal Tümeninin Midilli Adasında hazır bekletilmesini de öneren ve finanse eden yine ABD idi. Venizelos'u çağırıp İzmir'i işgal etmeleri direktifini veren Lloyd George, bu konuyu ABD Başkanı Wilson'a açmıştı. Biraz endişesi vardı. Amerikan kamuoyunun Türkler lehine olabileceği fikrindeydi. Wilson bu fikrin tam aksine Amerikalıların Türklere karşı büyük kin beslediklerini söylüyordu. Mayıs ayı başında Paris toplantısında bu husus gündeme gelmişti. Bu toplantıya İtalyan Başbakanı Orlando çağrılmamıştı. Çünkü ABD Başkanı, Ege bölgesini İtalyanların değil Yunanlıların işgal etmesinden yanaydı. İtalyanların Anadolu'dan çekilmeleri için ilk yaptığı şey savaş finansmanı için İtalyanlara verdikleri fonu kesti. Bu fonu Yunanlılara aktardı.

İşgalin sürpriz olmamasını temin için Padişahın ve Damat Ferit'in önceden haberdar edilmesini öneren de Wilson'dur. Bu haber vermenin amacı, işgale İzmir'deki askeri birliklerin direnmemelerini temin etmekti. Nitekim Damat Ferit, - İzmir Valisi Kambur İzzet'e böyle bir emir vermişti...[32]

İstanbul'un İşgali

İstanbul'a giren İngiliz, Fransız ve İtalyan askerî güçleri, donanmaları ile Boğaz'dan geçip Dolmabahçe Sarayı önünde sıra sıra dizilmiş, Fransız ordusu başkumandanı Franchet d'Esperey (Franşe Depere) Rum, Ermeni ve Musevî vatandaşların alkışları arasında ve dizginsiz beyaz

---
32 Yılmaz Karakoyunlu

bir at üzerinde, eski Roma fetihlerini taklit ederek etrafı selamlayarak alay ile Beyoğlu Caddesi'nden geçip Fransız Nezarethanesi'ne inmiş ve mütarekenin anlaşmasına rağmen en mühim noktalar İngiliz ve Fransızlar'ın saldırısına uğramışlardı.

Resmî yerleri, binaları ve sarayları işgale başlayan işgal kuvvetlerinin bu durumu karşısında, baş-katip ağlamış olacak ki, Sultan Vahidüddin, yanına çağırıp:

—Dün siz pek müteessir olup ağladınız" deyince, Ali Fuad Bey de:

—Sultanım, saltanata mahsus bir sarayı ecnebi askerlerinin işgal etmesinden üzüntü duymaklığım tabiidir efendim" dedi.

Sultan Vahidüddin de, daha görkemli bir "vatan toprağı aşkı" ile cevabını vermiş oldu:

—Bence Osmanoğulları'nın mülkine girdikten sonra

hudutta bir kulübeye girmekle benim sarayıma girmek arasında bir fark yoktur."

Sultan Vahidüddin doğru söylüyordu!

Artık Osmanlı mülküne ve Payitahtına her millet ve ırktan bir sürü yıkıcı ve parçalayıcı güç musallat olmuştu.

Tereddütler Yaşanıyordu

Mustafa Kemal Paşa'nın İstanbul'da kendi parasıyla çıkardığı minber gazetesinde işgalci İngilizlerin tebrik edilip alkışlandığını biliyor musunuz? 17 Kasım 1918'de aynı gazetede çıkan söyleşisinde "İngilizlerden daha hayırhah (iyiliksever) bir dost olmayacağı" mesajını verdiğini, ertesi gün çıkan vakit gazetesinde ise "Britanya hükümetinin Osmanlılara karşı olan iyi niyetlerinden şüphe etmediğini" söylediğini ve dahi "muhataplarımızla [yani İngilizler, Fransızlar vd.] anlaşmak lazımdır" dediğini?

Ya Mustafa Kemal Paşa'nın 11–13 Ekim 1918'de Halep'ten Vahdettin'e çektiği telgraftaki ilginç tekliflerini hiç okudunuz mu?

"... Şöyle diyordu padişahın yaveri Naci (eldeniz) bey adına gönderdiği telgrafta: müttefiklerle olmadığı takdirde ayrı olarak ve mutlaka barışı sağlamak lazımdır ve bunun için kaybedilecek bir an bile kalmamıştır. (orijinali: "müttefikan olmadığı takdirde münferiden behemehal sulhu takarrür ettirmek lazımdır ve bunun için fevt olunacak bir an dahi kalmamıştır.") [33]Bütün bu belgeler bilinip durur-

---

33 Atatürk'ün bütün eserleri, cilt 2, İstanbul 2003, kaynak yayınları, s. 232

ken birilerinin kalkıp da "mütareke hükümlerine sonuna kadar riayetkâr davranmalıyız" şeklindeki tavrı nedeniyle Vahdettin'in hain ilan edilmesini anlamak gerçekten de mümkün değil.

Bir başka belge 14 Kasım 1918 günü, bir gün önce İstanbul'a gelip Pera palas'ta ikamete başlamış olan Mustafa Kemal Paşa, İngilizlerin daily mail gazetesi'nin muhabiri G. Ward Price'ı aracı yaparak General Harrington'la görüşmek ister. Price, Pera palas'ta yaptığı görüşmeyi hatıralarında şöyle aktarıyor: "Mustafa Kemal, yapmak istediği bir teklif için Britanya resmi makamlarıyla nasıl temas edeceğini" bildirmemi rica etti. "bu harpte yanlış cephede savaştık, dedi, eski dostumuz Britanyalılarla asla kavga etmek istemezdik... Biliyoruz, partiyi kaybettik... Anadolu'nun müttefik devletler tarafından işgal edileceğini tamamen biliyordum... Bu topraklar üzerindeki bir Britanya idaresinden o kadar hoşnutsuzluk gösterilmemesi gerektir."

Anadolu Valiliği

İngiliz belgelerine göre Birinci Dünya harbinden yenik çıkmamızdan sonra Mustafa Kemal Paşa, Anadolu'da İngiliz idaresinden o kadar da rahatsızlık duyulmaması gerektiğini, bu topraklar üzerindeki İngiliz idaresinde bir vali olarak çalışmaya hazır olduğunu gazeteci aracılığıyla işgalci yetkililere şöyle söylemiştir. " Bu harpte yanlış tarafta savaştık. Eski dostumuz Britanyalılar ile asla kavga etmek istemezdik...Eğer İngilizler Anadolu için sorumluluk kabul edecek olurlarsa Britanya idaresinde bulunan tecrübeli Türk valileri ile işbirliği halinde çalışmak ihtiyacını duyacaklardır. Böyle bir salahiyet dâhilinde hizmetlerimi arz edebileceğim münasip bir yerin mevcut olup olmayacağını bilmek isterim..." [34]

Kurtuluş Savaşı İle İlgili İngiliz Belgeleri

17 Kasım 1918 de Minber Gazetesinde yayınlanan Mustafa Kemal Paşa ile mülakatta paşa şöyle demektedir: " İngilizlere karşı perverde eylediğiniz hissiyat hakkında malumat verir misiniz?" sorusuna karşı: "Bu harpte İngilizlerle Arıburnu, Anafarta ve Filistin cephelerinde karşı karşıya pek çok muharebeler verdim. Ben bu muharebelerde...daima vatanın müdafaasından ibaret olan bir vazifei asliye ifa ettim ve bunun için askerlik hizmetimi tahattur etmiyorum.Binaenaleyh kalbimde buğuz ve adavet hissi yer bulmamıştır. İngilizlerin Osmanlı milletinin hürriyeti-

---

34 price'ın extra-special correspondent (çok özel yazışmalar) adlı kitabından (1957, sayfa 104) aktaran Gotthard Jaeschke, Kurtuluş Savaşı İle İlgili İngiliz Belgeleri, çeviren: Cemal Köprülü, Ankara 1991, Türk Tarih Kurumu Yayınları, s. 98

ne riayet gösterdikleri hürmet ve insaniyet karşısında yalnız benim değil, bütün Osmanlı milletinin İngilizlerden daha hayırhah bir dost olamayacağı kanaatiyle mütehassıs olmaları pek tabiidir.

Osmanlı'nın Ardından

1967 yılında Paris'te düzenlenen Dünya Yahudi Kongresi'nin zabitleri arasında bulunan bir belgedeki kayıtlara göre bir delege şöyle demişti:

"Evet bağımsız bir devletimiz var ama mesut muyuz? Osmanlı'nın devrindeki gibi huzurlu muyuz? Samimiyetle ve hepinizin içinden geçenleri dile getirdiğime inanarak söylü-

yorum ki hayır!... Bizim bu dünyada huzurlu ve emniyetli yaşamamız, Osmanlı'yı yeniden kurmaya bağlıdır!" diyerek çok geçte olsa bir gerçeği itiraf etmişti... [35]

Gazanız Mübarek Olsun...

Mustafa Kemal Paşa, Samsun'dan ayrılmadan önce Zile'de bulunan Binbaşı Cemil Vahit (Toydemir) Bey'den Amasya hakkında bilgi istemiş, Amasya'daki en nüfuzlu şahsiyetin Müftü Hacı Tevfik Efendi olduğunu öğrenmişti. 26 Mayıs 1919 günü Havza'dan Amasya Müftüsü Hacı Tevfik Efendi'ye Havza'da yaptığı konuşmanın bir özetini ve Amasya'ya doğru yola çıkacağını bildirmiş ve söz konusu telgrafına çok kısa sürede şu cevabı almıştır.

"-Amasya Halkı Müdafaa-ı Vatan ve Muhafaza-ı Din ve Devlet yolunda mücadele edenleri bağrına basmakla müftehir olacaktır..."

Amasyalılar, 12 Haziran 1919'da Culus Tepe'de konuğunu karşılarken Müftü Hacı Tevfik Efendi, Mustafa Kemal Paşaya hitaben;

"Paşam. Bütün Amasya emrinizdedir. Gazanız mübarek olsun..." diyerek seslendi...

Elini bütün muhabbetiyle Paşa'ya doğru uzatarak kucaklamak istedi. Uzanan eli, Mustafa Kemal Paşa büyük bir saygıyla öpüp muhabbetle kucakladı.

Müftü Efendi, Anafartalar Kumandanı olarak tanınan Paşa'ya:

---

35 Özfatura, Necati;"Osmanlı", Yeşilay Dergisi,Ekim /1992, s.21

"Çanakkale'den sonra şimdi de vatanı ikinci defa kurtarmaya ahdettiniz, her anı endişeler içindeki yurda halâsı (kurtuluşu) nasip kılacak himmete giriştiniz. Hoş geldiniz. Safalar getirdiniz, himmetiniz payidar olsun!

Amasya'daki karşılamada Müftü Hacı Tevfik Efendi ile birlikte ulemadan şu kişiler hazır bulunmuşlardır:

Mutasarrıf Vekili Mustafa Bey, Belediye Reisi Topcuzâde Mustafa Bey, Kadı Ali Himmet Efendi, Beşinci Kafkas Fırkası Komutanı Cemil Cahit Bey, Vaiz Abdurrahman Kâmil Efendi, Hoca Bahaeddin Efeni, Mevlevi Şeyhi Cemaleddin Efendi, Veysibeyzade Nafiz Bey, Kurtoğlu Hasan Bey, Ulemadan İbadizade Mehmet, Şirvani H. Mahmutefendizade Mehmet, Müderris Mehmet Efendi, Muallim Mecdizade Sabri Efendi..ve diğer Amasya ileri gelenleri

Mustafa Kemal Havzada Ruslarla Görüştü mü?

Atilla İlhana göre cevap , "evet görüştü." Samsunda haddinden fazla İngiliz bulunduğunu söyleyen Mustafa Kemal İstanbul'a bir telgraf çekerek Havza'ya geçer. Buradan Lenin'e çektiği bir telgrafta "Sizinle aramızda bir dava ortaklığı var. Sizde antiemperyalistsiniz, bizde antiemperyalistiz. Şu şartlar altında özgürlük için savaşacağız fakat mühimmat ve silahımız yok. Şu kadar silah şu kadar top istiyoruz. Orada karşılıklı yardım konusunda muhtemelen bir antlaşma oldu. [36]

Kazım Karabekir'in Daveti

Mustafa Kemal ile silah arkadaşları arasında fikir birliği kadar dargınlıklara ve kırgınlıklara kadar uzanan büyük hadiseler yaşanmıştı. Bu ayrılıkların en önemlisi ise Kazım Karabekir ile ortaya çıkmıştı.

Karabekir Paşa'nın muhalefeti, yazdığı kitapların toplanıp yakılması sonucunu doğurmuştu (1933). Kazım Karabekir, İstiklal Mahkemesi'ne sevk edilmiş ve beraat etmişti.

İki "silah arkadaşı"nın yolları Cumhuriyet'in kuruluş yıllarında ayrılmıştı. Belki daha önce de fikir ayrılıkları olabilirdi. Ama kamuoyuna taşan açık ve sert tartışmalar daha çok "Anadolu'ya geçmek" meselesinde yoğunlaşmış ve çatışma Milliyet gazetesindeki bir yazıyla gün ışığına çıkmıştı. Gazetenin o dönemde sahibi Siirt Milletvekili Mahmut Bey'di ve

Mustafa Kemal Paşa'nın yanında yer alıyordu. Gazetenin "Ankaralının Defteri" isimli sütununda neşredilen ve "Millici" imzası taşıyan yazılar, Kazım Karabekir'i harekete geçirecekti. Kimilerine göre, yazılar Mustafa Kemal adına Falih Rıfkı Atay tarafından yazılıyordu. Bazıları da Millici'nin Mahzar Bey (Fuat) olduğuna inanıyordu. Umumiyetle Karabekir'i hedef alan bu yazılardan Mustafa Kemal'in haberinin olmaması mümkün değildi.

Kazım Karabekir 5 Mayıs 1933'te aynı gazetede neşredilen yazısında Anadolu'ya geçme tartışmasını da başlatmıştı. Diyordu ki Karabekir:

"Ben, daha Mütareke'nin başlangıcında milli istiklalimizin ancak milli bir kuvvetle kurtarılabileceğini, bunun da Erzurum'da yapılacak bir teşekkülle mümkün olabileceğini, birçok zatlara ve bu meyanda Mustafa Kemal Paşa Hazretleri'ne de Şişli'deki evinde bizzat söylemiş ve kendilerini Şark'a davet etmiştim. Mustafa Kemal Paşa Hazretleri henüz İstanbul'da iken ben Şarkta işe başlamış ve Erzurum Kongresi ile milli nüveyi hazırlamıştım.

İki buçuk ay sonra Erzurum'a gelen Mustafa Kemal Paşa Hazretleri ile tekliflerimi sağlamlaştırarak mutabık kalmış ve ben Şarkta, kendileri de Garptaki siyaset ve hareketi idare etmeyi, milli planımız olarak tespit etmiştik."

Karabekir'e cevap "Millici" imzasıyla verilmişti:

"Muhterem Karabekir Paşa hatırlar ki, Gazi Mustafa Kemal'in Sivas ve ondan sonra da Ankara'ya gitmeye karar vermesi, kendilerini fazla telaşa düşürmüş, ciddi endişelerine mucip olmuştu. Karabekir Paşa'nın o vakit ki görüşüne ve düşüncesine nazaran Mustafa Kemal Paşa'nın Şark havalisinden uzaklaşması buradaki teşkilatın zayıflamasına sebep olabilirdi." Yazıya bir de Karabekir'in Mustafa Kemal'e çektiği telgraf belge olarak eklenmişti:

"Kuvayı Milliye'yi temsil eden yüksek heyetin değil Ankara'ya hatta Sivas'ın batısına bile geçmemesi düşüncesindeyim." [37]

Samsuna Kaç Kişi Çıktı?

Mustafa Kemal Paşa'nın Samsun yolculuğu hakkında bu yıl da çok sayıda yayın yapıldı. Bu yayınların hemen hepsinde yaralan yolcu listesi Fethi Tevetoğlu'nun 'Atatürk'le Samsun'a Çıkanlar' isimli eserinden alınmıştı. Samsun yolcularının 18 kişi olduğu söyleniyordu ama listeler maalesef eksikti, zira Bandırma Vapuru ile Samsun'a gidenler 18 değil tam 48 kişiydi. Bu 48 kişiden 23'ünü Mustafa Kemal Paşa ile karargâh mensupları, 25'ini de er ve erbaşlar teşkil ediyordu.

Mustafa Kemal Paşa'nın Samsun belgelerine göre, Bandırma Vapuru'nda bulunan karargâh heyetinin tam listesi aşağıda yer alıyor. Ancak, bu 23 kişinin altısı, Yüzbaşı Behcet, Asteğmen Abdullah, yedek subay Tahir ve hesap memurları Rahmi ile Ahmed Nuri Efendiler ve adli müşavir Ali Rıza Bey hakkında bugün elimizde hiçbir bilgi bulunmuyor.

1. Dokuzuncu Ordu Müfettişi Mustafa Kemal Paşa Hazretleri.

2. Kurmay Başkanı Albay K3azım Beyefendi (General Kâzım Dirik. 1880-1941).

3. Sağlık Müfettişi Albay İbrahim Tali Beyefendi (Mil-

---

37 Ergun Hiçyılmaz

letvekili ve elçi Dr. İbrahim Tali Öngören. 1875-1952).

4. Kurmay Binbaşı Arif Bey (İzmir suikastı davasında İstiklâl Mahkemesi'nin kararıyla idam edilen Ayıcı Arif Bey. 1882-1926).

5. Kurmay Binbaşı Hüsrev Bey (Asker ve büyükelçi Hüsrev Gerede. 1886-1962).

6. Topçu Müfettişi Binbaşı Kemal Bey (Korgeneral Kemal Doğan 1879-1951).

7. Sıhhiye Müfettiş Muavini Binbaşı Refik Bey (Başbakan Dr. Refik Saydam. 1881-1942).

8. Yaver Piyade Yüzbaşı Cevad Efendi (Atatürk'ün yaveri ve milletvekili Cevad Abbas Gürer. 1887-1943).

9. Yaver Piyade Yüzbaşısı Mustafa Efendi (Tokat milletvekili Mustafa Sabri Süsoy. 1876-1934).

10. Piyade Yüzbaşı Ali Şevket Efendi (Gümüşhane milletvekili Ali Şevket Öndersev. 1884-1940).

11. Piyade Yüzbaşı Mümtaz Efendi (Yüzbaşı Ali Mümtaz Tünay. 1886-1946).

12. Piyade Yüzbaşı İsmail Hakkı Efendi (Başbakanlık özel kalem müdürü İsmail Hakkı Ede. 1886-1943).

13. Tabib Yüzbaşı Behcet Efendi.

14. Piyade Asteğmeni Hayati Efendi (Cumhurbaşkanlığı özel kalem müdürü Hayati Bey. 1892-1926).

15. Piyade Asteğmeni Arif Hikmet Efendi (Tümgeneral Arif Hikmet Gerçekçi. 1894-1970).

16. Yaver Topçu Üsteğmeni Muzaffer Efendi (Atatürk'ün emir subayı ve Giresun milletvekili Muzaffer Kılıç. 1897–1959).

17. Asteğmen Abdullah Efendi.

18. Adli müşavir Ali Rıza Bey.

19. Tabur hesap memuru Rahmi Efendi.

20. Tabur hesap memuru Ahmed Nuri Efendi.

21. Kâtip Faik Efendi (Sağlık Bakanlığı memuru Faik Aybars. 1880–1945).

22. Yedeksubay Tahir Efendi.

23. Kâtip Memduh Efendi (Cumhurbaşkanlığı memuru Memduh Atasev. 1895-1930'lar).

Samsuna Gizlice mi Hareket Edildi?

Ders kitaplarının yazmadığı bir gerçekte Mustafa kemal Paşa'nı Samsuna padişah görevlendirmesiyle ve İngilizlerin vizesiyle hareket ettiğidir. Murat bardakçı 19 Mayısın günlüğünü şöyle yayınlamıştır.

30 NİSAN 1919: Mustafa Kemal Paşa'nın 9. Ordu Müfettişliği'ne tayin emri, o zamanın Resmi Gazete'sinde yayınlandı. Savaş Bakanlığı, aynı gün Başbakanlıktan Samsun, Sivas, Van, Trabzon ile Erzincan'daki mülki memurların Mustafa Kemal Paşa tarafından yapılacak olan tebligata uymaları konusunda bir tamim çıkartılmasını istedi. Mustafa Kemal Paşa da yine o gün, Samsun'a götüreceği karargâh mensuplarının isimlerinin yer aldığı taslak listeyi Savaş Bakanlığı'na sundu.

6 MAYIS 1919: Savaş Bakanı Şakir Paşa, Mustafa Kemal Paşa'ya Samsun'daki göreviyle ilgili bir talimatname verdi. Paşa, o gün Savaş Bakanlığı'ndan bazı diplomatik yazışmaların kopyasını ve altı adet mühür kazdırılmasını istedi.

9 MAYIS 1919: Mustafa Kemal Paşa, Sivas'taki 3. Kolordu Kumandanlığı'na bir telgraf çekerek birkaç gün sonra Samsun'da olacağını yazdı.

13 MAYIS 1919: Mustafa Kemal Paşa, Basın-Yayın Genel Müdürlüğü'ne bir yazı yollayarak Genelkurmay'da ertesi gün bir toplantı planladığını ve Samsun yolcularının toplantıdan haberdar olabilmeleri için toplantının günlük gazeteler vasıtasıyla duyurulmasını istedi.

13 MAYIS 1919: Savaş Bakanlığı'na bir yazı gönderen Mustafa Kemal Paşa, görevinin 'seferi olması' dolayısıyla üç aylık tahsisatının peşin verilmesini, beklenmeyen masraflar için bir miktar ödeme yapılmasını ve iki binek otomobili tahsis edilmesini talep ederken, bu işlemlerin bir haftadır neticeye bağlanmamış olmasından yakındı.

13 MAYIS 1919: Karadeniz fiilen İngiliz donanmasının işgali altında bulunduğu için Boğazlar'dan ancak İngiliz vizesi ile çıkılabiliyordu. 23 karargâh mensubu ile 25 erden oluşan liste 9. Ordu Müfettişliği'nin kurmay başkanı Albay Kâzım Bey tarafından mühürlenerek, vizelerin alınması için Savaş Bakanlığı'na gönderildi.

14 MAYIS 1919: Mustafa Kemal Paşa, Samsun'a bir telgraf çekti, 'Cuma günü öğleden sonra Bandırma Vapuru'yla hareket edeceğini' söyledi ve geçici olarak kalabilecekleri bir yer temin edilmesini istedi.

15 MAYIS 1919: İstanbul'daki İngiliz İrtibat Kumandanı Binbaşı Millingen, Samsun'a gidecek olan 48 kişi ile 'altı adet eğerli at'tan ibaret olan listeyi 15 Mayıs'ta tasdik etti.

15 MAYIS 1919: Mustafa Kemal Paşa, Yıldız Sarayı'nda Sultan Vahideddin ile görüştü.

16 MAYIS 1919: İngiliz İrtibat Subayı Yüzbaşı John Godolphin Bennett, bir gün önce onaylanan isimlerin yazılı olduğu kâğıtların arka sayfasına vize damgalarını bastı.

16 MAYIS 1919: Mustafa Kemal Paşa, öğle saatlerinde Yıldız Sarayı'nda Sultan Vahideddin ile son defa görüştü. Oradan Şişli'deki evine geçip annesiyle ve kızkardeşiyle vedalaştı, daha sonra Galata rıhtımına gitti bir motorla Bandırma Vapuru'na bindi.

19 MAYIS 1919: Bandırma Vapuru'nun yolcuları sabahın erken saatlerinde Samsun'a vardılar.

BANDIRMA Vapuru'nda, Mustafa Kemal Paşa ile 22 kişilik kurmay heyetinin yanısıra erler, onbaşılar ve çavuşlar da vardı; erlerle erbaşlar 25 kişiydiler ama bu 25 kişinin Samsun'a gidişlerinden sonraki hayatları hakkında bugüne kadar hiçbir araştırma yapılmadı.

Çürük Bandırma Vapuru

19 Mayıs seramonilerinde hep söylenir "çürük Bandırma Vapuru" bence bu tabir yanlıştır. Çünkü Bandırma Vapuru bu yolculuğa çıktığında iyi durumdadır. Evet belki bugün Bandırma-İstanbul arası seferleri gerçekleştiren İDO feribotlarıyla aynı imkanlara sahip değildir. Ama aynı güzergâhta yıllarca yolcu taşıyan Tirhan ve Etnik gemilerin-

den pekte farklı değildir. Unutmayalım ki bu sonuncular Bandırma Vapuru'nun iki katı sürat yapıyorlardı ama ondan 50 yıl sonrasının teknik imkânlarıyla imal edilmişlerdi.

Bandırma Gemisi, 1878'de İngiltere'nin Paisley'deki H. Macıntyre tezgâhında Trocadero adıyla yük ve yolcu gemisi olarak inşa edilmiş, topu topu 279 gros, 192 net tonluk, küçücük bir vapur yavrusudur. Uzunluğu 49 metre, genişliği 6 metre kadardı. İki silindirli, 50 beygir gücünde, iki genişlemeli bir buhar makinesi vardı. Tek usukuruyla saatte ancak 8-9 mil yapabiliyordu.

Önceleri merkezi Londrada bulunan Dousey&Robinson denizcilik kumpanyası tarafından çalıştırılmış, beş yıl sonra Pireli armatör H. Psicha'ya satılarak direğine Yunan bayrağı çekilmiştir. Bir süre Kymi adıyla yolcu ve yük taşımış, sonra yine Pireli bir başka armatöre satılmıştır.

1894 yılında İdare-i Mahsusa tarafından satın alınarak gönderine Türk Bayrağı çekildiği zaman onaltı yıllık bir tekneydi. Bizler ona Bandırma adını vermiştik, ama yabancılar, çoğu öteki gemimize de yaptıkları gibi ona, Bandırma'nın batılı dilindeki adıyla Panderma demişlerdi.

1910'da, Meşrutiyet'in ilanının hemen sonrasında İdare-i Mahsusa yeniden yapılandırılarak Osmanlı Seyr-ü Sefain İdaresi adını alınca, bacasına kuruluşun ayyıldızlı, çift çapalı yeni forsu yerleştirilmişti. Kim bilirdi ki, yılların yorgunu bu çürük gemi, son dönemlerinde çok önemli bir iş başaracak, genç Türkiye Cumhuriyeti'nin tarihinde şerefli bir yer alacaktı.

Bu arada neler neler geçmişti bu küçük gemi yavrusunun başından! 1891 yılının 12 Aralık günü Erdek önlerinde seyrederken kayalara bindirerek batma tehlikesi geçirmiş, ancak ertesi yıl yüzdürülebilmişti. 1915 yılının 28 Mayıs günü de Marmara'da seyir halindeyken E–11 boda numaralı İngiliz denizaltısı tarafından torpillenmiş, yine batmak üzereyken mürettebatın büyük çabaları son anda gemiyi kurtarmıştı.

İşte, İsmail Hakkı Kaptan'ın 1 Mayıs 1919 günü süvariliğine getirildiği gemi, böyle bir gemiydi. Yılların süvarisi, 16 gün sonra Mustafa Kemal Paşa ile ideal arkadaşlarını İstanbul'dan alarak Samsun'a götürmek görevinin kendisine verileceğini nereden bilebilirdi?"

Bu bilgiler de gösterir ki Bandırma Vapuru'na çürük diyenlerin Kaptan İsmail Hakkı Durusu için söyledikleri; "Karadeniz'i hiç tanımıyordu, acemiydi, pusulası bozuk gemiyle rota çizmekten aciz olduğundan Mustafa Kemal'in kıyıyı takip ederek seyre devam edin emrini uyguladığı gibi isnatları da yanlıştır, hatadır hatta kasıtlı bir ifadedir.

Yine bazı çevreler Bandırma Vapuru'nun yetersiz bir personelle Samsun'a hareket ettiğini vurguladılar, oysa Bandırma Vapuru 19 Mayıs'ta Samsun yolculuğuna çıktığında gemi Süvarisi İsmail Hakkı Durusu ile birlikte 20 kişilik bir mürettebata sahipti. Bu mürettebatın listesi ve görevlerini gösterir liste şöyledir:

İsmail Hakkı Kaptan (Süvari),Üsküdarlı Tahsin (İkinci kaptan),Mehmet Ağa oğlu Hacı Süleyman (Başçarkçı),İsmail (Katip),Hasan (Lostromo),Göreli Şükrü oğlu Temel (Serdümen),Alioğlu Basri (Serdümen),Rizeli Süleyman oğlu Mahmud (Ambarcı),Silivrili Hasan oğlu Ahmed (Ambarcı),Süleyman oğlu Cemil (Tayfa),Hüseyin oğlu Rahmi (Tayfa),Mesut oğlu Temel (Tayfa),Muharrem oğlu Hacı Tevfik (Birinci kamarot),İbrahim oğlu Mehmed (Kamarot),Mustafa oğlu Halid (Kamarot yamağı),Koyulhisarlı Yusuf oğlu Halid (Ateşçi),Hasan oğlu Mehmed (Kömürcü),Mehmet Ali oğlu Ömer Faik (Kömürcü),İsmail Hakkı (Vinçci),Ali oğlu (Vinçci)

Erzurum Kongresindeki Dua

Amasya'dan sonra Mustafa Kemal'in ikinci temel uğrak beldesi Erzurum'dur, Dadaşlar ülkesine 3 Temmuz 1919 da geldi. Amasya'da Müftü Hacı Tevfik Efendi'nin desteğini bulan Mustafa Kemal, Erzurum'da üzerinde "vali vekâleti" de olan Kadı Hurşid Efendi'yi, Müftü Solakzâde Sadık Efendiyi, Müftü Naibi Hilmi Efendi'yi İbrahim Hakkı hazretlerinin altıncı kuşak torunu Hacı Fehim efendiyi, müderris Raif Hoca'nın desteklerini buldu.

23 Temmuz1919'da toplanan Erzurum kongresinin

açılış ve kapanış duasını yapan Şiran Müftüsü Hasan Fahri Efendi şöyle yakarmıştı:

Allah kitabında "Onlar ağızlarıyla Allahın nurunu söndürmek isterler Hâlbuki inkârcılar istemeseler de yine Allahın nurunu dinini tamamlayacaktır."(Saff. Ayet 8) Buyurmuştur.

Salât ve selam ol zata ki ona indirilen Kuranda "Kitabı biz indirdik onun koruyucusu elbette biziz buyruldu,(Hucurat. Ayet 9)"

Salât ve selam Peygamberimizin âline ve ashabına olsun.

Onlar rahmet istişaredir diyerek "Onlar [iyiler] işlerini aralarında istişare ederler." (Şura 38) "Yapacağın işi önce arkadaşlarınla istişare et." (Al-i İmran 159) ayetlerinin sırrınca konuşup görüşme ve yardımlaşmada reylerin birleştirmişler ve kendilerinin daima birlikte hareket ettiklerini bize anlatmak istemişlerdir,

Ey yardım edenlerin en güçlüsü Allah'ım! Şu Müslümanlar toplumuna yardım et, Nasıl ki, Bedir gününde maharetli hünerli meleklerle yardım ettiğin gibi Kuranı Mübin hürmetine ve sana yakın olanların ruhaniyetinin imdadıyla,

Ey korkuda olanların koruyucusu olan Allah'ım! Hilafet-i Müslim'inin kudret ve heybetinin devamı suretiyle dini kuvvetlendir Ve bizi yevm-i kıyamete kadar din düşmanlarının şerrinden muhafaza buyur, Bütün Peygamberler hürmetine,

Allah'ım! İstediklerimizi anlatmak gayelerimizi elde etmek ve mukadderatımızı sağlamak suretiyle güçlüklerimizi yenmeye bizleri muvaffak eyle, burada verilen kararlarda bizleri isabetli kıl.

Yarabbi! Düşmanları ve apaçık hakikatleri inkâr edenleri susturup sukuta mecbur etmek hususunda noksanlardan ve arızalardan salim olarak şu zevatın kalplerine açıktan ve yüksek deliller ilham et, Kâinatın Efendisi hürmetine.

Ey sulh ve selameti Allah'ım! Burada İttihaz edilen kararların sulh konferanslarında kabulünü kolaylaştır Mucizeler sahibi Peygamberlerin hürmetine,

Allah'ım! Bütün beldelerimizi ve bilhassa masumlar diyarı ve toprağı şehitler kanı ile ve evliya bedenleriyle yoğrulmuş şu Erzurum şehrini Müslüman kullarına, iyilik ve lütuf olarak, düşmanların ayakları altında çiğnenmekten ve zalimlerin zorla almak için gösterdikleri hırs ve heveslerinden kurtar, Sevgili habibin ve onun zulme uğrayan torunu (Hz. Hüseyin) hürmetine, Ya rabbi

Allah'ım Şu memleketleri endişelerden salim olmak hilafet-i İslâmiye'nini himayesinde kaim kıl, Parçalanmış ve terk olunmuş bir halde uğursuz düşmanın idaresine verme ve düşmanları emellerinde zillet, hüsran ve mahrumiyetle mahkûm et Ya rabbi, Kayyum olan ismi Celilin hürmetine

Ey çok merhametli olan Allah'ım! Biz burada toplandık sana yalvarıyoruz, mülkümüzün devamı ve milletin selameti ve hakan-ı zamanının kudretinin devamı için sana iltica ediyoruz. İslam hükümetinin bayraklarını bu beldelerde dalgalamakta devamlı kıl. Ve her zaman yönetimimizi sağlam ve adil esaslara bağlı kıl Kuran-ı azimüşşan hürmetine..

Allah'ım maddi ve manevi güçlerine güvenen düşmanlarımızı kahreyle.. Lütuf ve ihsanınla kurtuluş ve zafer ümit için sana yalvarıyoruz.. Ey çaresizlerin yardımcısı Sen kudret sahibi ve kahredicisindir..

Ya rabbi! Yardım bayrağınla İslam devletinin Satvet ve kudretini nurlandır. Zamanımızın kisra ve kayserlerinin boynunu kırmağa bizi muvaffak eyle. İzzet sendedir, üstünlük sendedir ve sendendir. Sen "Zaten onların hileleri-kurdukları düzenleri boşa çıkar"(Fatır. Ayet 10) vaadinde bulunuyorsun. Bu vaadin hürmetine bize yardımını lütfet.

Ya Rabbi! Şu toplulukta bulunup âmin diyen devlet

adamlarının ve memleketlerinden hicret etmek zorunda bırakılmış ehli İslam'ın muratlarını kolaylaştır. Bizlere selametle ve sevinçle memleketimize dönmeği nasip eyle. Ya Rabbi! Habib-i ekremin hürmetine...

Es selatu vesselamu aleyke Ya resulullah!

....

Amin..Amin...Velhamdulillahi rabilalemin. [38]

Denizli Müftüsü Ahmet Hulusi Efendi

Kuva-yı Millîyenin oluşumunda, Müdafaa-i Hukuk ve Reddi İlhak cemiyetlerinin kuruluşunda ve bunlar aracılığıyla halkı direnişe çağırmada hocaların, din adamlarının, Millîyetçi aydınların ve hamiyet sahibi halkın büyük katkısı vardır.

Denizli Müftüsü Ahmet Hulusi Efendi'nin mücadelesini buna örnek gösterebiliriz. 15 Mayıs 1919'da İzmir Yunanlılar tarafından işgal edilince acı haber Denizli'ye de ulaştı. Ahmet Hulusi Efendi, durumu derhal Denizli halkına duyurdu. Halkı bayram yerine topladı. Halk kadını erkeği, yaşlısı genci ile meydanı doldurdu. Müftü Efendi, önde sancak, meydana gelerek halka hitaben şu tarihi konuşmayı yaptı:

"Muhterem Denizlililer! Bugün sabahın erken saatlerinde İzmir, Yunanlılar tarafından işgal edilmiştir. Bu tecavüze karşı hareketsiz kalmak, din ve devlete ihanettir, vatana karşı irtikab edilecek cürümlerin Allah ve

---

38 Cemal Kutay, İstiklal Savaşının Maneviyat Ordusu..Cilt 2. Sh 127-128 İstanbul 1977

tarih önünde affı imkansız günahtır. Cihad, tam manasıyla teşekkül etmiş dini fariza olarak karşımızdadır.

"Hemşehrilerim! Karşımıza çıkarılan dünkü tebaamız Yunana biz mağlup olmadık. Onlar öteki düşmanlarımızın vasıtasıdır. Yunan'ın bir Türk beldesini ellerine geçirmelerinin ne manaya geldiğini, İzmir'de şu birkaç saat içinde irtikap edilen cinayetler gösteriyor. Silahımız olmayabilir; topsuz-tüfeksiz sapan taşları ile de düşmanın karşısına çıkacağız. İstiklal aşkı, vatan sevgisi, haysiyet şuurumuz ile, kalbimizdeki iman ile mücadelemizin sonunda zaferi kazanacağız. Bu uğurda canını verenler şehit, kalanlar gazidirler. Bu mutlak olarak cihad-ı mukaddestir (...). Korkmayınız... Me'yus olmayınız... Bu Liva-yı Hamd'in altında toplanınız ve mücadeleye hazırlanınız. Müftünüz olarak cihad-ı mukaddes fetvasını ilan ve tebliğ ediyorum." [39]

---

39 Kurtuluşun ve Cumhuriyet'in manevî Mimarları, D.İ.B. Yayını, s. 45-46

Ankara'da Görülmemiş Namaz

Türkiye Büyük Milleti Açılacaktı. *Hacıbayram Cami'si* böyle bir kalabalığa ilk defa şahit oluyordu. Anadolu'nun dört bir tarafından gelen milletvekilleri ve Hey'eti Temsiliye'nin liderleri bile güçlükle Cami'e girebilmişlerdi. Vakit gelince yanık bir "Ezan-ı Muhammedi" sesi Ankara'nın ufuklarını ruhani bir perdenin arasına sardı. Binlerce baş secdeye eğildi. Arkasından, muazzam bir uğultu halinde dualar yükseldi.

Sözü, o günü bizzat yaşamış rahmetli bir milletvekiline bırakalım:

"Öyle tahmin ederim ki, o gün, Ankara'nın Hacıbayram Camii'nden başka bir yerinde Cuma namazı kılınmamıştır. Diğer camilerin cemaatleri değil, hatta imam ve müezzinleri dahi, bu büyük cemaate dâhil bulunuyorlardı. Bana öyle geldi ki, o gün Hacıbayram'dan Meclis'e kadar bütün havaliyi dolduran halkın bütünü mühib ve müheykel, yekpare bir cemaat idi.

Hükümetçe ve kolordu komutanlığınca alınan bütün tertibata rağmen, Cami'den Meclise girmek mesele olmuştur. Ulema, meşayih, binbir ayet yazılı ruhani bayrak önde, Mustafa Kemal Paşa ve meb'uslar onları takip ederek meclise gitmek için, kesif bir İslam kitlesini yarmak lazım geliyordu. Bu kolay bir şey değildi. Sen gitmek istiyorsan, o halkta gitmek istiyordu.

Dava, millet davası idi. Halk da onda, senin kadar alakadardı. Binaenaleyh, yürünülmekten ziyade, bütün halk ile beraber dalga dalga ilerleniyordu. En heybetli iki manzaradan biri meclis kapısında, diğeri içeride ve millet kürsüsünde temaşa edildi. Meclis'in kapısında bir taraftan kurbanlar kesilirken, diğer taraftan gür sesli hocanın duası, "amin!.." sesleriyle dalgalanıyordu. Meclis'in içine girdiğimizde, kürsü, ruhani bir manzara arzedecek şekilde, bayraklarla çevrilmiş bulunuyordu. Hatimlerin sonları orada ikmal olunarak dualar ediliyor ve bunların akisleri, dışarıda Hacıbayram'a kadar azim bir gulgule halinde temadi ediliyordu.."Milli Mücadeleyi kazanan ruh bu ruh'tu.[40]

Batı Cephesine Doğudan Gönderilen Silahlar

Mondros Mütarekesi hükümlerine göre Türk Ordusunun silahlarını galip sayılan devletlere bırakması gerekiyordu. O zaman Erzurum'da bulunan 15. Kolordu'nun

---

[40] Otman Bölükbaşı Hayat Tarih Mecmuası sh. 34. 1 Nisan 1977 ,Yıl 13.Sayı 4

silahlarını da galip devletler teslim almak için Erzurum'a gelmişlerdi. O sırada 15. Kolordu'nun başında Kâzım Karabekir Paşa bulunuyordu. Kâzım Karabekir Paşa, bu heyeti mütemadiyen oyalıyor ve silahları teslim etmek istemiyordu. Müftü Sadık Efendi, Kâzım Karabekir ile işbirliği yaparak bu konuda halkın Karabekir Paşa'ya yardımcı olmalarını sağladı. Tarihe mal olmuş olan bu gerçeği Karabekir Paşa, İstiklâl Harbimiz adlı eserinde, uzunca anlatmaktadır. 3 Yine bilinen bir gerçektir ki, Kâzım Karabekir Paşa teslim etmediği bu silahlarla Ermenileri tepeledikten sonra adı geçen silahlar batı cephesine gönderilmiş ve kesin zaferin elde edilmesinde büyük rol oynamıştır. [41]

İngilizleri İstanbul'u İşgale Rauf Bey Mecbur Etti

İttihat ve Terakkicilerin hesapsızlığı yüzünden girilen 1.Dünya savaşının son yılında 3 Temmuz 1918'de VI. Mehmet (Vahdettin) Osmanlı Devleti'nin son padişahı olarak tahta çıkmıştı. Birinci Dünya Savaşı yenilgiyle sonuçlandı. 30 Ekim 1918 tarihinde imzalanan Mondros Mütarekesi'nden sonra da. Birinci dünya savaşında İttihat ve Terakki Hükümetinin sorumluluğu dolayısıyla meclis 21 Aralık 1918'de Meclis-i Mebusan padişah Vahdettin tarafından fesih edildi.

Yeni seçimlerden sonra Meclis-i Mebusan en son 12 Ocak 1920 de toplandı. Düşman işgali altındaki bölgelerde 172 kişinin seçildiği tahmin ediliyordu. Zamanın gözlemcileri seçimlerin tarafsızlıkla yapıldığında birleşiyorlar.

---

41 Selahattin Kıyıcı, Yeni Ümit Ocak-Şubat-Mart 2007 Sayı :75 Yıl :18

Toplantı 72 kişiyle toplandı. 72 kişiyle çoğunluk sağlanıp sağlanamayacağı düşünülmedi.

Rauf Orbay bu meclisin toplanmasındaki amacı şöyle açıklamıştır:

"Türklüğü imha siyaseti ilk tokatı mebus seçimlerinin sonunda yiyecektir. Çünkü türk milleti kendisini bu tehlikeli devrede kurtarabilecek evlatlarını seçme şuuru ve ulviyetini gösterecekti. Bu mebusan meclisi milli gurubu kuracak ve öyle bir tahrik havası yaratacaktır ki, uzun vadede siyaset yapanlar(İngilizler)hislerine kapılacaklar ve İstanbul'u işgal edeceklerdir. İşte o büyük gün Milli Mücadelenin meşruiyet kazanmasına sebep olacaktır. Dolayısıyla Milli meclis Anadolu'nun bağrında toplanacak ve emperyalizme karşı direniş başlayacaktır."[42]

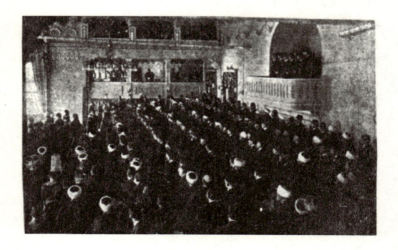

42 Tarih Konuşuyor. Aylık Dergi . cilt 1 sayı 2 mart 1964. Sh 153

Amerikan Mandacılığı

Halide Edip Adıvar, Celaleddin Muhtar, Ali Kemal, Ahmet Emin Yalman, Velid Ebüzziya, Refik Halid (Karay); Yunus Nadi, Necmettin Sadak gibi isimler Milli Mücaedele başlarken Mandacılık fikrini savunanlar arasındaydı. Avni Özgürel "O günün şartlarını göz ardı ederek bu kadroyu 'işbirlikçiler' olarak nitelemek haksızlık olur." Demektedir. Nitekim Halide Edip Mustafa Kemal'e 'manda' yönetimini kabul etmeyi önerdiği mektubunda açıkça, "İzzet-i nefsimizden epeyce fedakârlık yapmak mecburiyetindeyiz" diyerek önerinin onur kırıcı olduğunu saklamıyordu.[43] Halide Edip 'in 10 Ağustos 1919 tarihli mektubunda

43 1 Avni Özgürel 2 Haziran 2005 Radikal

"Biz İstanbul'da kendimiz için.. Amerikan mandasını ehveni şer olarak görüyoruz.

Filipin gibi vahşi bir memleketi bugün kendi kendini idareye kadir (yetenekli) asri (modern) bir makine haline koyan Amerika, bu hususta çok işimize geliyor.

15-20 sene zahmet çektikten sonra yeni bir Türkiye ve her ferdi (kişisi) tahsilli, zihniyeti ile hakiki istiklali (bağımsızlığı) kafasında ve cebinde taşıyan bir Türkiye'yi ancak 'Yeni Dünya' nın (Amerika'nın) kabiliyeti vücuda getirebilir." Milli mücadelenin "Halide onbaşı"sı daha sonra ki yıllar Mustafa Kemal'le anlaşmazlığa düştü. Cumhuriyetin ilanını erken buluyordu. 1926'da Türkiye'den ayrıldı, 1939'da döndü, İstanbul Üniversitesi'nde ders verdi, 1950'de DP'den İzmir milletvekili oldu. 1964 yılında İstanbul'da öldü.

İsmet Paşa ve Mandacılık

Kazım Karabekir "İstiklal Harbimiz" isimli kitabında ismet Paşa'nın Milli Mücadele başlamadan önce Amerikan Mandacılığı fikrine kapıldığını ve kendisine şunları yazdığını belirtir:...İstanbul'da belli başlı iki cereyan vardır.Amerika,İngiliz taraftarlığı. ...Amerika'da Türkiye'ye gelmek için temayül artmış, neşriyat başlamış olduğu için İngilizler de telaş artmış. İstanbul'da propagandaya başladılar..Taraftarlarını hükümetle beraber körüklüyorlar. .. İngilizler Amerikayı engellemeğe çalışıyorlar. .İngilizler in emeli memlekette, Amerika hey'etinin tahkikatını ve temayülatını iptal edebilecek cereyanlar izhar ve ilan ettirmek, bu suretle bir defa Amerika işini suya düşürdükten sonra yine bildiklerini yapmaktır. ..eğer Amerika'nın gelmesi suya düşerse İngilizler için bugünkü taksim vaziyetini tevsi etmekten başka yapılacak bir şey yok gibidir ki, İngilizlere diğerleri bu hususta rıza gösterecekler, muhalefet etmeyeceklerdir. Eğer Anadolu'da halkın Amerikalıları herkese tercih ettikleri yolunda Amerikan milletine başvurulursa çok faydalı olacaktır deniliyor ki ben de bu kanaatteyim. Bütün memleketi parçalamadan bir Amerika kontrolüne vermek, yaşanılabilecek yegâne ehven çaredir... [44]

Akif Mandacılığa Karşıydı

Akif'in İstanbul'da bulunduğu süre içinde en çok canını sıkan konulardan biri de hiç şüphesiz bazı basının ve aydın zümrenin "Mandaterlik" istemesidir. X[45] Onun endişesi mandaterliğin gerçekleşeceği düşüncesinden değil fakat bu tür fikirlerin Anadolu'da başlamış olan Millî mukavemeti kıracağı korkusundandır. O, kendi kendisine şöyle düşünmüş olsa gerek. "İngiliz Muhibleri" adıyla kurulan ve bizi bu milletin kötülüğüne teslim etmek isteyen adamların hain ve kötü kişiler olduğunu Türk halkı hemen anlayacaktır. Fransız mandasını isteyenler ise, beş, on züppeden ibaret. Bunların tesirleri hiç olmayacaktır. Halbuki Amerikan mandaterliği isteği öyle değil. Osmanlı İmpara-

---

44 Kazım Karabekir İstiklal Harbimiz, S. 165-166. Yüce yayınları. İstanbul1990
45 Manda isteyenlere göre mesele şundan ibarettir. Madem ki galip devletler Osmanlı Devletini parçalayacaklar, o halde top yekun bir devletin mandaterliğini kabul ederek devletimizin parçalanmasını önleyebiliriz. Mandaterliği kabul edeceğimiz devlet yeni dünya devleti olmalı. Çünkü yalnız Amerikalılardır ki, çok iptidai yaşayan Osmanlıları medenî bir halk haline getirecek hükümet kurmaya kadirdir. Yalnız bu Amerikalılardır ki, diğer devletlerin bu topraklar üzerinde rekabetlerine son verebilir.

torluğu Amerika'ya harp ilân etmediği için onlar memleketimiz hakkında kimseyi kesmemişler ve böylece halk arasında kin toplamamışlardır. İstanbul'da bu tezi savunan gazetelerde vardır. Bunların arasında memleketi sevdiklerine şüphe edilmeyecek olanlar da mevcuttur. Ya onlar Anadolu'da başlayan mukavemet hareketini kırarlarsa... Halimiz ne olur."[46] Bu endişe iledir ki Akif "...Türklerin 25 asırdan beri istiklâllerini muhafaza etmiş oldukları tarihen müspet bir hakikattir. Halbuki Avrupa'da bile mebde-i istiklâli bu kadar eski zamandan başlayan bir millet yoktur. Türk için istiklâlsiz hayat müstahîldir. Tarih de gösteriyor ki Türk, istiklâlsiz yaşayamamıştır" diyecektir.[47]

46 M. Emin Erişirgil, Mehmet Akif- İslamcı Bir Şairin Romanı, Ankara 1956. s.402.
47 "Manda Meselesi", Sebilürreşad, 21 Ağustos 1335 (1919), No 437-438.

Birinci Meclisin Özellikleri

İlk Türkiye Büyük Millet Meclisi Cumhuriyet tarihimizde fevkalade önemli bir mevkie sahiptir. İlk meclisin fevkaladeliği farklı ve zıt fikirlere sahip milletvekillerinden meydana gelmiş olmasına rağmen ülke savunması ve bütünlüğü konusunda tek bir ses ve tek bir yürek olabilmesidir. Bu temel hassasiyetine bağlı olarak ilk meclisin diğer özelliklerini de şu şekilde sıralayabiliriz;

1. Bu meclis her şeyden önce milli bir meclistir. Meclis üyeleri tamamıyla Türklerden oluşmuştur. Bundan dolayı da "Meclis-i Kebir-i Milli "adını almıştır.

2. Meclis idealist, demokratik bir ruha sahiptir.

3. Olağanüstü hal meclisidir. Yasama, yürütme ve yargı kavramlarını temel güçler olarak benimsemiş olmakla beraber bu güçleri kendi bünyesinde toplamıştır.

4. Meclisin temeli ve bekası fedakarlık esasına dayandırılmıştır.

5. Şüphesiz bu meclis kahraman bir meclisti.

Kısaca İlk Türkiye Büyük Millet Meclisi Türk milletinin tarihteki mevkiine paralel yüksek seviyeli bir meclisti.

MUHAREBELER DÖNEMİ

İlk Kurşunu Hasan Tahsin Atmadı

Ders kitaplarının yazdığı gibi Milli Mücadelenin ilk kurşununu İzmir'de Gazeteci Hasan Tahsin atmamıştır. İlk Kurşunu atma şerefi Dörtyol'a bağlı Karakese köyünden Mehmet Çavuş'a aittir.

FRANSIZLAR İskenderun'a sürekli asker çıkararak Halep'e ve Adana'ya yollamaya başlamışlardı. 11 Aralık 1918'de Pozantı Dörtyol'a girdiler. Bu işgaller Mondros Ateşkes Antlaşması'na aykırıdır ama aldıran kim? Emperyalistler aralarında Anadolu'yu bölüşmüşler, Çukurova "sömürü bölgesi" olarak Fransızların payına düşmüş. Halk şaşkın, çaresiz. Erkeklerin çoğu ya şehit ya esir düşmüş, pek azı köyüne, şehrine dönebilmiş. Fransızlar ve birlikte getirdikleri Ermeni lejyonu, savunmasız çevreyi yağmalamaya girişirler. Karşı duran olursa tutuklayıp zindana atar ya da öldürürler. Dörtyol'a bağlı Karakese köylüleri yağmalanma sırasının kendilerine geldiğini anlayınca köy yolunu taşlarla kapadılar, silahlandılar ve yağmacıları köye sokmadılar. Bu direniş işgalcileri şaşırttı, delirtti. Öfkeyle ateş kustular. Köylüler hazırlıklıydı. İlk önce Mehmet Çavuş silahını doğrulttu, tetiğe dokundu, ilk saldırganı devirdi (19 Aralık 1918).Saldırganlardan 15'i vuruldu. Kalanlar takviye alarak bir daha saldırdılar. Sonunda Dörtyol'a geri çekildiler. Karakese köylüleri de 10 şehit vermişlerdi.

Kurtuluş Savaşı'nın ilk kurşunu ve ilk direnişi budur.

Mehmet Çavuş, Güney cephemizdeki ilk Kuvayı Milliye olan Kara Hasan'ın çetesine girmiştir.

İngilizler Yunanlıları Anadolu'ya Niçin Çıkarttılar?

İngilizlerin kardeşi kardeşe kırdırma, Müslüman'ı Müslüman'a vurdurma planının en acısı I.Dünya Savaşı'nda yaşanmış İslam beldelerinden topladıkları sömürge askerlerini Müslüman Türk'ün üzerine saldırtmışlardı. İngilizler tasarladıkları uzun vadeli planlarından birini de Türk-Arap çatışmaları üzerinde uygulamışlardır.

Arap bölgelerine yerleşebilmek isteyen İngilizler Türkiye'yi meşgul etmek için Yunanlıları kullanmışlardır. Yunanlıların hayalperestliğinden faydalanmak isteyen Lloyd George, Yunan başvekili Venizelos'u kandırmayı başararak onu Anadolu'nun işgaline "evet" dedirtmişti.[48] Türkler Anadolu'yu kurtarmak için Yunanlılar ile uğraşırken, İngilizler Petrol yatakları üzerine yerleşmekle meşgul olmuşlardı.

Milli Mücadele ve Tekkeler

Milli Mücadele döneminde, pek çok tekke ve tasavvuf erbabının da faal rol oynadığını görmekteyiz. Aslî hüviyetlerine bağlı kaldıkları dönemlerde tekkeler, inceliğin, kibarlığın, zarafetin, nezaketin, insan sevgisinin, çalışmanın, hizmetin, sanatın, ilmin, irfanın, marifetin ve maharetin öğretildiği, işlendiği, geliştirildiği ve olgunlaştırıldığı merkezlerdi. Fakat zamanla duraklamaya, gerilemeye ve çökmeye yüz tuttu. Çöken ve yıkılan tekkede, hakikî tekke ruhundan ve cevherinden eser kalmadı.5 Milli Mücadele'nin yapıldığı dönemlerde eski safiyet ve gücünü kaybet-

---

48 Raif Karadağ Petrol Fırtınası sh112.Divan yayınları İstanbul

meyen tekkelerin gayretleri, diğerlerini de bu mücadelenin içine sokmuştur.

Milli Mücadele yıllarında hizmetleriyle zaferin kazanılmasında katkıları olan tasavvuf liderleri arasında şunları görmekteyiz. Nakşibendi şeyhi ve Erzincan mebusu Fevzi Efendi, Halvetiyye şeyhi ve Bolu mebusu Abdullah Sabri Aytaç, Halvetiyye şeyhi ve Kırşehir mebusu Yahya Galib Kargı Bey, Nakşi Özbekler Tekkesi şeyhi Mehmed Ata Efendi, Bir Kadiriye Dergahı olan Hatuniyye Tekkesi şeyhi Sadedin Ceylan Efendi, Hacı Bektaş Veli Dergahının Nakşi şeyhi Hacı Hasan Efendi.[49]

Kuvâ-yı Milliye Hareketini destekleyen bu sufi şeyhleri, mücadele sırasında hareketin meşrulaştırılması, halk ve maddi kaynakların seferber edilmesi, Saray ile Milli Mücadeleciler ve Ankara-İstanbul Hükümetleri arasında aracılık rollerini yerine getirmişlerdir. Bir taraftan onları meşrulaştırırken, diğer taraftan savaş için gerekli halk desteğini sağlayan konuşmalar vaazlar vermiş, mevlitlere katılmış, mevlitler düzenlemiş, milliyetçi cemiyetlere katılmış, değişik şehirlerden TBMM'ye mebus olarak seçilmişlerdir. Mecliste de genelde Şeriyye ve Evkaf Komisyonu ile İrşad komisyonunda görevlendirilmişlerdir. [50]

Yine ayni yıllarda bazı dergahlardan "Mücahidîn-i Mevleviyye Alayı", "Mücâhidîn-i Bektâşiyye" gibi gönüllüler cepheler gitmiştir. [51]

---

49 Hülya Küçük, Kurtuluş Savaşında Bektaşiler, Kitap Yayınevi, İstanbul 2003, s. 95.
50 Hülya Küçük, A.g.e. s. 95.
51 Cemal Kutay, Kurtuluşun ve Cumhuriyetin Manevî Mimarları, Ankara 1973, s. 76.

Yine Kurtuluş Savaşı'nda stratejik mevkii ve şeyhinin faaliyetleri yönünden en renkli dergâh Üsküdar Özbekler Tekkesi'dir. Silah sevkiyatının yapıldığı, Milli Mücadele önderlerinin ağırlandığı, Fevzi Çakmak, İsmet İnönü gibi millî mücadele komutanlarının, pek çok mebusun misafir oldukları, yaralıların tedavi edildiği bir merkezdi. Özbekler Tekkesi şeyhi Şeyh Ata'nın tevkif edilmesinden sonra, onunla konuşan İngiliz Gizli Servisi yetkilisi Harron Armstrong, izlenimlerini şu ifadelerle dile getirmektedir: *"Bizler Türk din adamlarının, bu mevzularda faal rol oynayacaklarını asla tahmin etmiyorduk. Diğer araştırmalarımız, Türk mukavemet menbalarının meydana çıkarılması yolunda müspet netice vermeyince, vaki ısrarlı ihbarları değerlendirerek tekkeler, mescidler, camiler gibi dinî mebâni (binalar) üzerinde durduk ve din adamlarını takip ve kontrole başladık. Elde ettiğimiz malumat ve karşılaştığımız hakikatler bizleri hayrete düşürdü. Bu din adamları münhasıran telkinlerle ve maneviyatı yükseltmekle iktifa etmemişler, fiilî olarak da mukavemet teşkilatı içinde vazife almışlardı. Halk üzerinde tesirleri fevkalade olduğundan, üzerlerine aldıkları vazifeleri muvaffakiyetle ifa etmişlerdi."* [52]

Millî Mücadeleye destek bir diğer tekke, Hatuniye Dergâhı idi. Bu tekkenin şeyhi Sadeddin Ceylan Efendi (ö.1931), aynı zamanda İplikhane Hastanesinin imamı idi. Silah kaçırma sırasında silahları saklamak için tabutları kullanmışlardı. [53]

---

52 Mustafa Kara, Din-Hayat-Sanat Açısından Tekkeler ve Zaviyeler, Dergâh Yayımları, III.Baskı, İstanbul 1990, s.28
53 Küçük, a.g.e., 80.

Tâceddin Dergahı; Bu tekke, Eşref Edip Fergan, Mehmet Akif Ersoy, Şeyh Ahmed Senusi gibi bir çok milli mücadeleci şahsiyetin uğrağı idi.

Milli Mücadele'ye Yurt Dışından Gelen Para Yardımları

Hindistan Müslümanlarının Halifenin yurdu düşman işgaline uğrayınca dişlerinden tırnaklarından artırarak Kızılay'a (o zamanki adıyla Hilal-i Ahmer Cemiyeti'ne) para yardımında bulunmuşlardı. Büyük Taarruz öncesinde geçici olarak Maliye Bakanlığı'nın emrine devredilen paranın bir kısmı İş Bankası'nın kuruluş sermayesine katılmıştır.

İş Bankası için Hindistan'dan gelen paralardan ne kadar kullanılmıştır? Hindistan'dan gelen paranın miktarında ihtilaf vardır. Lord Kinross'a göre, 125 bin İngiliz Lirasıdır. Ergun Aybars, 675.494 Türk Lirasından bahsetmekte, Zekeriyya Sertel ise, 100 bin dolar demektedir.

Cumhurbaşkanlığı Genel Sekreteri Hasan Rıza Soyak, gelen parayı, 600 bin lira gösterir ve şöyle der, Bu paranın 500 bin lirası Büyük Taarruzdan evvel Maliyenin karşılayamadığı bazı hususi masraflar için Batı Cephesi Komutanlığı emrine verilmişti. Yunanlıların kaçarken yakıp yıktıkları savaş alanında aç ve açıkta kalan zavallılara yapılan yardım da, Paşanın ordu ile beraber İzmir yolunda iken verdiği emirle yine bu paradan yapılmıştı. Zaferden sonra, 500 bin liranın 380 bin lirası, İcra Vekilleri Heyeti (hükümet) kararıyla kendisine verilmiştir.

Hasan Rıza Soyak'a göre, bu paranın 250 bin lirası ile

İş Bankası kurulmuş, bakiyye kısmı ile yurdun muhtelif yerlerinden çiftlikler satın alınmış, 1937'de ise bu çiftlikler hazineye devredilmişti demiştir. [54]

Milli Mücadele'ye Rus Yardımı

Bir de Türkiye'ye o dönmede Rusların, yapmış olduğu yardım vardı. Bu yardım, iç isyanlar ve Avrupa menşeli Beyaz Orduların sarsmakta olduğu Rusya'nın güney sınırını güvenceye almak ve daha da önemlisi, güney sınırında İngiliz uydusu bir devletin kurulmasına mani olmak için gönderilmiştir. Bu yardımlar karşılığında Kâzım Karabekir

---

54 Lord Kinross Atatürk. İstanbul,1973 - Ergun Aybars. Türkiye Cumhuriyeti tarihi. İzmir, 1987 - Zekeriya Sertel. Hatırladıklarım. İstanbul,1977 - H. Rıza Soyak. Atatürk'ten hatıralar. Cild2,İstanbul,1973

Paşa'nın Erivan (Ermenistan) seferi durdurulmuş ve Misak-ı Milli dâhilinde sayıldığı halde güzelim Batum şehri Sovyetler Birliği'ne teslim edilmiştir.

Tarihçi Mustafa Armağan bu konuda şu bilgileri vermektedir. "Kaynaklar, Tutarı tartışma konusu olan, 1 milyon ile 5 milyon altın arasında olan para için o sırada yurt dışında bulunan Enver Paşa'nın bizzat Moskova'ya gidip Rus yöneticilere güvence verdiğini ve yardımı bizzat kendisinin organize etmek arzusunu beyan ettiğini de yazmaktadır. Bu para verilen sözler yerine getirdikçe parti parti gönderilmiştir. Rus yardımının şekli Sebahattin Selek'in Anadolu İhtilali[55] eserinde şöyle geçmektedir.

Ruslar, üç parti hâlinde bir milyon Rus altını verdiler. Bu altınlar: Ferit (Tek) Beyin Maliye Vekilliği zamanında iki yüz bin, Hasan (Saka) Beyin Maliye Vekilliği zamanında Beş yüz bin, Hasan Fehmi (Aytaç) Beyin Maliye Vekilliği zamanında Üç yüz bin lira olmak üzere geldi.

Ankara'daki Rus Büyükelçisinin isteği üzerine bu altınlara Ankara hükûmeti adına Maliye Vekili Hasan Fehmi Bey bir milyon liralık makbuz vermiştir. İkinci parti olarak alınan beş yüz bin altının yüz bini, askerî müşavir olarak Moskova'ya giden Saffet (Arıkan) ve Nuri (Conker) Beylere teslim olunarak silâh satın almak üzere Almanya'ya gönderilmiş, dörtyüz bin altını da Yusuf Kemal Bey beraberinde Kars'a getirmiştir.

Bu yardımlardan birisinin Maliye Bakanlığı Hasan Saka'nın Alman borsasında batırıldığına dair bilgile bile mevcuttur.

---

55 Sebahattin Selek Anadolu İhtilali 4. baskı, İstanbul 1968, Burçak Yayınevi, s. 133

Moskova'dan yüz bin altını yanlarına alan ve ikisi de asker olan Saffet Arıkan ve Nuri Conker beyler, silah satın almak için doğru Almanya'nın yolunu tutarlar. Fakat o günlerde savaştan çıkmış Almanya'da yüksek enflasyon vardır ve borsa da kârlı bir yatırım aracı durumundadır. Saffet ve Nuri beyler bir taraftan Kurtuluş Savaşı için silah pazarlıkları yaparlar, öbür taraftan da bozdurup Mark yaptıkları parayı enflasyondan koruyup değerlendirmeyi düşünürler. İşte tam bu sırada müteşebbis, daha doğrusu uyanık bir Almanla tanışırlar.

Bu kurnaz Alman borsacı, kendilerine, enflasyon bu parayı sürekli kemirirken ellerindeki parayı çoğaltmak ve böylece ülkelerine daha fazla silah satın almak dururken niye boşu boşuna beklettiklerini sorar. Ve Türklerin aklını çeler.

Gayet mantıklı gelen bu teklifi kabul eden Saffet ve Nur beyler ve meteliğe kurşun atan Milli Mücadele hareketinin parasını olduğu gibi borsaya yatırırlar. Ancak sonuç tam bir fiyasko olur. Para, o sırada istikrarsız bir seyir izleyen Alman borsasında batar. Yanlış kâğda oynamışlardır. Neticede Alman borsacının, borsa nedir bilmeyen askerlerimizi aldattığı anlaşılır. Sonuçta iki askerimiz elleri boş olarak Ankara'ya dönerler.

Yüzde 40 zorunlu vergi anlamına gelen "Tekâlif-i Milliye" kanunuyla fakir Anadolu halkının iki ineğinden, iki çuval unundan birisine zorla el konulduğu bir dönemde tam yüz bin altının göz göre göre sokağa atılması, tabiidir ki, Ankara'da büyük tepki uyandırır. Mesele mahkemelik olur. Fakat her nedense bir sonuç çıkmaz. Hadisede kasıt unsuru bulunamamış, bir "kaza" olarak görülmüştür. Her ikisi de Atatürk'ün silah arkadaşları olan ve Cumhuriyet döneminde bakanlık yapmak dâhil kritik roller oynayan bu iki seçkin simanın skandalı ört bas edilmiştir. Bugüne kadar da bunun hesabı sorulmuş değildir."

TBMM Kürsüsüne Siyah Bayrak...

Meclis'teki duygulu ortam ne konuşmaya, ne de anlatılanlara dinlemeye fırsat vermeyecek bir yoğunluk kazanınca, önce oturuma 20 dakika ara verildi. Ardından, 31 milletvekili tarafından verilen bir önerge ile TBMM riyaset (başkanlık) kürsüsünün siyah bir örtü ile örtülmesi kararlaştırıldı. Bu örtünün ne zaman kaldırıldığını yazının sonunda anlatacağım.

Bursa'nın işgali haberinin Ankara'ya ulaşmasından sonra yaşananları yıllar sonra gazetesindeki köşesinde değerlendiren o günün görgü şahidi bir yazar, 12 Temmuz 1920 tarihinde Ankara'da yaşananları satırlara şöyle döktü: "1920 Ankara'sında Bursa için yapılan miting, Birinci Meclis Ankara'sında ilk siyasî yürüyüş ve mitingdir. İlk halk hareketidir. Gâvurun Bursa'ya girdiği haberi (Ankara halkına), Mustafa Kemal'in Ankara'ya gelişi ve Meclis'in Ankara'da açılışından daha çok tesir etti. Halk akın akın Hacıbayram Camii'ne koştu. Tüm minarelerden yanık yanık salâ sesleri yükseldi. Namazdan sonra halk Hacıbayram Veli Hazretlerinin türbesi önünde toplanmış, "Allahü Ekber, Allahü Ekber, Lâ ilâhe İlallâhü Allahü Ekber..." tekbir sesleri yeri göğü inletiyordu.

İşte bu anda türbenin kapısı açıldı. Sonradan Deli Fahri diye diplomasi tarihine geçen Fahrettin Fahri, Hacıbayram Veli'nin ayetli yeşil bayrağını kapıp başındaki kırmızı fesinin püskülleri sallanarak halkın önüne düştü. Boğa gibi böğüren ve çok gür olan sesi tekbirin ahengini bozuyordu. Hepimizi peşinden sürükleyerek hastane önüne kadar götürdü. Bayrağın gönderi kanlı ve pek uzundu, 1.90'lık boyuyla gönderi omuzuna vurmuş, hayret! Bana mısın demiyordu. Bayrağı eski duvar kalıntısı üzerine dikerek haykırdı: "Ey ümmet-i Muhammed, Ey Türkoğlu Türkler" Şimdi söylenecekleri iyi dinleyiniz! dedi ve ardından sözü hocalar aldı."[56]

Hacıbayram'da yapılan mitingdeki heyecan Meclis'e de yansıdı. Mitingin yapıldığı gün öğleden sonra Meclis'te heyecanlı saatler yaşandı. Çok kısa bir süre içinde Anadolu'nun güzelim şehirlerinin elden çıkması üzerine bu işin bir sorumlusu arandı. Neticede ihmali görülen ve suçlu telâkki edilen Bursa kumandanı Bekir Sami Bey ve Alaşehir Cephesi kumandanı Aşir Bey görevlerinden alındı.

Netice mi? Anadolu insanı Meclis'in etrafında kilitlendi, maddi manevi her türlü desteği sona kadar verdi. Aradan geçen 2 yılın ardından, yani 1922 yılının 26 Ağustosunda başlayıp 9 Eylülde İzmir'de Yunan askerini denize dökerek sonuçlanan zaferle vatan düşmandan temizledi.

Türk ordusunun kazandığı muhteşem zaferin yankısı da büyük oldu. Yunanistan karıştı. İzmir, Türk ordusunun eline geçmeden iki gün önce, 7 Eylül'de Yunan Hükümeti istifasını verdi. Büyük bir hayal kırıklığına uğrayan Yunan halkı, 27 Eylül'de Atina'da kralın sarayına hücum etti. Kral tahtı terk etmek zorunda kaldı.

---

56 Nizamettin Nazif Tepedenlioğlu, Yeni İstanbul gazetesi, 7 Temmuz 1969

İslam Âlemine Çağrı

Mustafa Kemal Paşa imzası ile Milli Mücadele başlarında İslam âlemine gönderilen bildirinin metni şöyleydi:

"Mukaddes İslamiyet'in yüce Hilafet merkezi olan İstanbul'da, Meclisi Meb'usan ve bütün resmi ve askeri müesseseler resmen ve cebren işgal edilmiştir. Bu tecavüz, Osmanlı saltanatından ziyade, Hilafet makamını hürriyet ve istiklallerinin yegâne dayanağı gören bütün İslam âlemine yöneliktir.

Asya ve Afrika'da, Peygamber'in (s.a.v) beğeneceği bir ulviyetle hürriyet ve istiklal mücadelesine devam eden İslam topluluğunun manevi kuvvetini kırmak için, İtilaf devletleri tarafından girişilen bu hareket, Hilafet makamım esaret altına alarak, bin üç yüz yıldan beri payidar olan ve ebediyen yok olmaktan korunacağına şüphe bulunmayan İslamiyet'in hürriyetini elde tutmaktır.

Mısır'ın on bine yükselen aziz şehitlerine, Suriye ve Irak'ın binlerce fedakâr muhterem evladına, Kuzey Kafkasya'nın, Türkistan'ın Afganistan'ın, İran'ın, Hint, Çin, velhasıl bütün Afrika'nın ve bütün Doğu'nun, büyük bir heyecan ve kurtuluş gayesi ile titreyen müşterek efkârına yöneltilmiş olan bu tahrik darbesi ve tecavüzün; düşmanlar tarafından tahmin edildiği gibi maneviyatı bozmaya değil, belki bütün şiddetiyle mucizeler gösterecek bir inkişaf kabiliyetine yol açacağına şüphemiz yoktur. Osmanlı milli kuvvetleri, Hilafet ve Saltanat'ın birbiri peşi sıra uğradığı suikastların başladığı günden beri devam eden samimi birlik ve beraberlik içinde, vaziyeti bütün vahametine rağmen azim ve metanetle kabul etmekte ve bu son Haçlı saldırılarına karşı bütün İslamiyet, cihanın müşterek mukavemet duygularına inanmaktan doğan bir yardım duygusuyla, azim ve imanın sebep olduğu mücahede de inayet ve muvaffakiyete mazhar olacağına inanmaktır.

Ortaçağ'ın şövalyeliklerinden, bugünün itilaf ittifaklarına kadar uğursuz bir gaddarlık zinciri halinde devam eden Haçlılar efradının bu son sefil işçilerinin, İslamiyet irfan ve istiklaline ve Hilafet'in sağlamlaştırdığı mukaddes dostluğa bağlı bütün Müslüman kardeşlerimizin vicdanında da aynı mukavemet hissi, aynı tepki ve karşı koyma şuuru uyandıracağından emin olarak, Cenab'ı Hakk'ın, mukaddes mücahedelerimizde cümlemize ilahi yardımlarını katmasını ve peygamber'in (s.a.v.) ruhuna dayanan birliğimizin teşkilatına yardımcı olmasını niyaz ederiz." [57]

Müdafaa-i Hukuk Hey'et-i Temsiliyesi namına
Mustafa Kemal

Yunan Kralının Küstahlığı

İşgal yıllarında, Yunanlıların Ege Bölgesi'ni işgal etmesinden sonra İzmir'e gelen Yunan Kralı'nın civar kasabalardan birini teftiş ederken, şehit edilen bir sivilin cesedi ile karşılaştı. ***"Bu kokmuş ölüğü neden gömmüyorsunuz?"*** diye sorduğunda, yanındakile ***"Halka ibret olsun diye bırakıyoruz."*** Karşılığını verdiler. Bunun üzerine bir krala değil, bir cellada bile yakışmayan;

---

57 Günvar Otmanbölük Hayat Harih Mecmuası 1 Ocak 1977 sayı1 sh28 İstanbul

"Başka öldürecek Türk mü yok? Bu pisliği kaldırın ve başkasını öldürüp onun yerine atın!" emrimi verdi...[58]

Kütahya-Eskişehir Savaşları Gerçeği

İkinci İnönü Savaşı'nın 31 Mart 1921 tarihinde kazanılmasından sonra Yunan ordusu Anadolu'daki Türk kuvvetlerini ortadan kaldırmak üzere hazırlık yapar ve aynı yılın Temmuz ayı başında Kütahya-Eskişehir hattında saldırıya geçer. Yabancı çevreler, özellikle İngiliz askeri çevreleri, Yunanlıların saldırıya geçtikleri takdirde yenileceklerini inanıyordu. Mesela, İngiltere Dışişleri Bakanı Lord Curzon, Yunanlılar saldırırsa büyük bir yenilgi alır düşüncesinde iken, İstanbul'daki İngiliz Kuvvetleri Komutanı Harington, Yunanlıların geçici başarı kazanmaları durumunda dahi olsa yenileceklerine inanıyordu. [59]

---

58 Ayverdi, Samiha; Bağ Bozumu, Hülbe Yay. ,İst/1987,s.210
59 Şimşir, Bilal Nuri, İngiliz Belgeleriyle Sakarya'dan İzmire . 2. Baskı İstanbul 1989. S. 11-12

Bunlardan da öte İngiliz Hükümeti 31 Mayıs 1921 tarihli toplantısında Yunan orduları İzmir'de denize dökülebilir şeklinde görüş tespit etmişti.

Maalesef ordumuz yenilir ve Sakarya Nehri'nin doğusuna kadar çekilir.

Hâlbuki Yunan ordusunun moral durumu pekiyi değildir. Subaylar arasındaki anlaşmazlıklar ve siyasi hırslar üst rütbelerden aşağıya doğru yayılıyordu. Cepheyi dolaştıktan sonra İzmir'e dönen Yunan Başbakanı Gunaris, ordu moralinin iyi ancak, askerlikten kurtulma düşüncesinin olaylarda hâkim olduğunu belirtir. Yunan Genelkurmay Başkanlığı'nda istihbarat subayı olan Albay Rangavis, bazı kolordularda moralin bozuk olduğunu, özellikle subayların moralinin erlere göre daha düşük bulunduğunu belirtir.[60]

Buna rağmen ordumuz yenilmiş, bir hayli silah, malzeme, cephane ve toprak kaybetmiş ve geri çekilebilmiştir. Şimdi bu mağlubiyetin sebeplerine bakalım:

"Batı Cephesi Komutanı(İsmet Paşa), bir piyade ve bir süvari tümenini Kütahya mevziinin batı ve iki tümeni de doğu yanına sürüklemekle mevzii genişletmiş, kuvvetleri dağıtmıştır. Trenle nakledilen üçüncü Tümen de doğuya kaydırılacaktı. Yunan ordusu 120 km tutan bu mevzii her yerinde yarabilirdi ki, yapılan ilk büyük hata budur.

Asıl önemli hata, düşmanın kuşatılmasına karşı, Kütahya mevziinin doğu yanına gönderilen kuvvetlerin mevzi hizasında tutulamayarak ileri sürülmeleriydi.

---

60 Genelkurmay Başkanlığı,Türk İstiklal harbi Batı cephesi, C:II,Kısım 4; ek 2,Sh.68

Yapılan bir hatayla da 40.000 kişilik Yunan kuvveti ile 15.000 kişilik Türk Kolordusu çarpışacaktı. Bu düşmanın ağzına atılan bir lokma idi. İsmet Paşa, çekilme emrini zamanında verseydi, Yumruçal-Nasuhçal mağlubiyeti hezimete dönüşmezdi. Yunanlıların Eskişehir'e girmesinden sonra, onların tereddütlü davranmaları karşısında İsmet Paşa harekete geçti. Fakat başarısız oldu. Eskişehir'de lüzumsuz yere düşman üzerine atılan İsmet Paşa, artık, Sakarya'nın batısında savunma yapmayı göze alamamıştır.

Gerçekte, Eskişehir-Kütahya yenilgisinin sorumlusu İsmet Paşa idi. Fevzi Çakmak Paşa sorumluluğu üzerine almıştır. [61]'Yenilginin sorumlusu olan İsmet Paşa bu savaştan sonra Yakup Kadri Karaosmanoğlu'na *"Her şey bitti Yakup Kadri. Düş kurmağa gerek yok. Gerçek bu."* demiştir.

---

61   Belen, fahri, Türk kurtuluş savaşı, Kültür Bakanlığı, Ankara 1983 S. 329-330

Ordunun içine düştüğü zor durum karşısında Mustafa kemal Paşa'nın emriyle ordu Sakarya'nın doğusuna çekilmiştir. [62]

İki Vagon O.... Getirildi...

Yeşilizâde Salih Efendi. Erzurumlu. Birinci meclisin en renkli simalarındandı. Parti sultasını üzerinde taşımayan, bir daha seçilip seçilmeme gibi bir endişesi olmayan sadece vatanın selametini milletinin çıkarlarını düşünen bir mebustu.

Eskişehir muharebeleri sırasında Yunan orduları ilerlerken Türk ordusunun askeri teçhizatı bırakarak geri çekilmesi olayını 8 Aralık 1921 günü mecliste dile getiren bir başka Erzurumlu kullandığı dili sadeleştirerek kamuoyu ile paylaşan Meclis Gazeteciler inden Betül Uncular şunları yazar: Düşman Eskişehir'e dayanmıştı. Kent boşaltılacaktı. Bu işlem 7 gün, yani 168 saat sürmüştü. Kentteki 13 lokomotif, 550 vagon ve katarın büyük bölümünün düşman eline bırakılması Mecliste şiddetli tartışmalara neden oluyordu.

Eskişehir, Ankara'ya 250 kilometre, Polatlı'ya 130 kilometre uzaklıktaydı. 168 saatlik süre içinde görevliler görevlerini tam olarak yerine getirmiş olsalardı, düşmana hiçbir şeyin terk edilmemiş olacağı savları yaygındı.

Bayındırlık - Bakanı Rauf Bey, kentin boşaltılması sırasında kusurları olanların cezalandırılacaklarını belir-

---
62   Şimşir,Bilal, Atatürk III.S548

tiyordu. Birtakım ahlaksız kadınların trene bindirilmesi işleminin idareye ait olamayacağını vurguluyordu. Salih Efendi, Eskişehir'in boşaltılmasının cayır cayır Ankara'ya bildirildiğini söylüyor ve bu gibi cinayetlerin Türkiye'de fakir fukaranın başına geldiğinden yakınıyordu. Ona göre bu ülkede ordu kumandanı da asılmalıydı. Bayındırlık Bakanı da asılmalıydı ki, adalet kurutabilsin.

Kimi kızgın, kimi şakacı mebusların "Senden başlamalı" sözlerine karşılık Salih Efendi, kendisinden başlanmasını onaylar gibi davranış içine giriyor, kağnılarla ulaşıma katkıda bulunan kadınların bu manzaralar karşısında gözlerinin dolduğunu belirterek duyguları sömürüyordu biraz. Salih Efendi, ayrıca, bu sorunun gülerek değil, acıyla dinlenmesi gerektiğini eklemeyi ihmal etmiyordu...

Ona göre on beş dakika içinde boşaltma emri verilmiş ve gerçekleştirilmişti. Lokomotifler, anlatıldığı gibi onarma muhtaç değillerdi. Harekete hazırdılar, ama Recep adlı bir haine emir verildiği için sonuç alınamamıştı. Salih Efendiye göre Recep "kerhaneciydi, dolandırıcıydı, hırsızdı, şuna buna o... ve e... getiren bir teres'..

Utanıyordu söylemeye ama, iki vagon o... Ankara'ya getirilmişti. Eskişehir'in kadınları istasyona geldikleri zaman ağlamış, sızlanmalardı. Onlar reddedilmiş, trene alınmamışlardı. Tam iki vagonla Rum o.... getirilmişti. Hatta bunlardan Kayseri'ye bile götürülenler vardı...Bu Rum kadınlardan biri daha sonra casus olarak yakalanacaktı. Meclis Salih efendi'nin bu sorusu ve ortaya attığı sorunu uzun süre tartışacaktı. [63]

---

63 Betül Uncular. Dünden Bugüne Laci'liler . 72-74 Ümit Yayın.Ankara 1993

İnönü Muharebeleri Gerçeği

İsmet Bey (o günlerde albay) Birinci İnönü Savaşını anlatırken şunları söylüyor:

Aslında 1. İnönü muharebesi askerî bakımdan küçük ölçüde bir muharebedir. Yunanlılar taarruz etmişler, bizim mevziyi söktürmüşler, bundan sonra hazırlıksız geldiklerini, ilerisinin daha çok tehlikeli olduğunu anlayarak kendileri çekip gitmişlerdir."[64] Görüldüğü gibi İsmet İnönü, 1. İnönü Savaşının zaferle sonuçlanmadığını belirttiği gibi, Yunanlıların Türk mevzilerini aştığını da ifade etmiştir.

Bu savaşa ait çeşitli değerlendirmeleri sıralayalım:

"Birinci İnönü Savaşında Yunan kolordusu, Türk kuvvetlerini İnönü mevzisinden atmıştır." [65]

Türk Genelkurmayına göre "İlerleyen Yunan kuvvetleri birliklerini daha fazla yıpratmamak için geri çekildiler."[66]

"Türk kuvvetleri başarılı bir şeklide geri çekildi. Ve ne var ki, Türk askerî birliklerinin bütün dikkat ve çabalarını geri çekilme hareketine [67]vermiş olduklarından düşman birliklerinin durumlarını gözleyemmişti." "Türk kuvvetleri, İnönü mevzilerini terk edip geri çekildikleri halde Yunanlılar ertesi sabah taarruza devam etmeyerek, geldikleri yere çekilmişlerdir.

---

64 İnönü, İsmet, Hatıralar, Bilgi Yayınevi, İstanbul 1985, 1 Kitap s 243
65 Belen Fahri, Türk Kurtuluş Savaşı, Kültür Bakanlığı,, Ankara 1983, s 279
66 Genelkurmay Başkanlığı,Askeri Yönü İle Atatürk, Ankara 1981,s.82
67 Gologlu, Mahmut, Cumhuriyete Doğru 1921-1922 Ankara 1972 s 20 21

Birinci İnönü, askerlik yönünden küçük bir muharebedir, Yenen ve yenilen yoktur. Yunan ordusu da iyi sevk ve idare edilememiştir. Yunanlılar 9 Ocak günü yapılan muharebede elle tutulacak net bir başarı sağladıkları halde, fırsatı kaçırmışlar ve taarruzu ertesi Süne bırakmışlardır."[68]Bu kısa bilgilerden anlaşılacağı üzere 1. İnönü Savaşı zafer değildir. Tam tersi' kuvvetlerimizin geri çekilişi söz konusudur. Büyük bir zafer olarak gösterilen bu savaştaki kayıp miktarına baktığımızda da bunu anlayabiliriz:

Yunanlılar sekizi subay, kırk dokuz ölü vermiş iken, Türk tarafı dört subay, yüz on yedi er şehit vermişlerdir.[69] "Bütün İnönü Cephesi boyunca, genel bir karşı taarruz emri veren Fevzi (Çakmak) Paşa'dır."

[70]"İsmet Bey, daha evvel İnönü mevzilerini bir defacık olsun gezip görmemişti bile... Yunanlıların Bursa'dan Eskişehir istika-metinde ileri harekete geçtikleri 6 Ocak 1921 sabahı haber alınınca İsmet Bey, Gediz civarındaki Efendi Köprüsünden Kütahya'da kalmıştır. Kendisinin Kütahya'da kaldığı dört gün boyunca bütün faaliyeti Gediz civarına kadar ileri sürdüğü kıtaları bir an önce Kütahya'ya getirip, İnönü istasyonuna sevk etmek ve Kütahya'dan, uzaklardan Yunan ileri hareketlerini takip etmek olmuştur."[71]Kaynaklar İsmet Bey'in 1. İnönü Savaşında büyük sevk ve idare hataları yaptığını yazmaktadır. İsmet Bey'in 6-9 Ocak'ta dört gün Kütahya'da kalıp, cepheye an-

---

68 Selek Sabahattin, Anadolu İhtilali İstanbul 1981, S. 464-470
69 Genelkurmay Başkanlığı, TSK Tarihi TBMM Hükümeti Dönemi, Ankara 1984,s.432
70 Kandemir, Feridun, İkinci Adam Masalı, İstanbul 1968 s 277
71 Atilhan,Cevat Rıfat, Bütün Açıklığıyla İnönü Savaşları ve Hakiki Kahramanları,İstanbul 1968,S.26-27

cak muharebenin son günü yetişmesi, üzerinde durulması gereken ayrı bir konudur...

Milli Mücadelenin İrşad Heyeti

Birinci Meclis'te dinî tahsil görmüş olanlarla, din görevlisi olanların sayısı hayli fazlaydı. Meclis kayıtlarına göre seçilen 437 milletvekilinden 34'ü Meclis'e katılmamıştı. Böylece Birinci Meclis'te milletvekili sayısı 403 idi.

Bu milletvekillerinden din adamı vasfını haiz 78 kişi vardı. Bu sayının 101'i bulması da muhtemeldir. Çünkü medreseye belli bir müddet gittiği halde başka mesleği seçen milletvekilleri de bulunuyordu. [72]Ayrıca sair meslek mensubu milletvekillerinin tamamı da mükemmel bir dini tahsil görmüşlerdi.

Meclisteki dini tahsil görmüş milletvekilleri çok büyük hizmetlerde bulunmuşlardı. Halkın irşat ve işgal kuvvetlerin propagandalarına karşı aydınlatılması gibi...

Meclisin ilk ele aldığı mevzulardan biri de halka gerçeklerin anlatılması, Millî Mücadele'ye fiilen iştiraklerinin sağlanması idi. TBMM Reisi Mustafa Kemal Paşa bu mevzunun ehemmiyeti üzerinde durmuş. 25, 26 ve 27 Nisan tarihlerinde "İrşat heyetinin teşkili" görüşülmüştü.

27 Nisan 1920 tarihli toplantıda İrşat Encümeni Meselesi yeniden gündeme gelmişti. Şeyh Servet Efendi'nin takririyle irşat şubesi kurulması teklif edilmişti. Teklifte şu açıklamalar bulunuyordu:

---

72 Dr. Recep Çelik, Milli Mücadelede Din Adamları

"İnsanlığı aydınlatmanın, insan varlığının mutluluğu yolunda en önemli hizmet olduğu, çok eski devirlerden beri bilinen bir gerçektir. Ne yazık ki düşmanlarımız bu güzel hakikati, kötü yollarda kullanmakta ve batılı Hak gibi gösterme gayreti içinde bizi dertlendirmektedirler. Propaganda adı verilen olayları özel ve gizli çıkarlara alet etme, düşmanlarımızın başarı ile yürüttükleri en tesirli silahtır. Silaha, benzer tesirli silahla karşı konulur.

Doğruluğuna inandığımız hakikatleri milletimizin önüne açıkça sermek için biz de harekete geçelim... Bu gaye ile Millet Meclis'imizin halk hizmetleri için kuracağı şubeler arasında bir irşat şubesinin eklenmesini teklif ediyorum." [73]

O günlerde düşman kuvvetleri müthiş şekilde propaganda yapmaktaydı. Bilhassa İngilizler sinsice bir şekilde batılı Hak, Hakkı batıl göstermeye çalışıyor, istiklâl mücadelesini temelinden çürütmek için her yolu deniyordu.

İngilizler propagandalarında sık sık din unsurunu kullanıyor ve kendilerinin *"İslâm'ın hamisi"* olduklarını belirtiyorlardı. İste o sırada işgal altındaki İstanbul'da bulunan bir âlim bu İngiliz propagandalarına yazmış olduğu makalelerle, broşürlerle cevap veriyordu.

Tıpkı Mehmed Âkif gibi, Osmanlı Devleti'nin en büyük ilmî müesseselerinden biri olan **Darü'lHikmeti'l İslâmiye** üyesi olan Bediüzzaman, *"Tükürün İngiliz lâininin hayâsız yüzüne!"*, *"Ey epkekü'l küpekadan tepkepküp etmis köpek!"* gibi ifadelere de yer verdiği makalilerinde ve

---
73 a.g.e./210

"Hutuvat-i Sitte" isimli, İngilizlerin altı maddelik dehşetli yalanlarını çürüten eserinde halka gerekçeleri açıklıyor ve uzun zamandan beri İslâm âleminin en büyük düşmanı olan İngilizlerin propagandalarına kanmamalarını ihtar ediyordu.

Bediüzzaman'ın bu nevi çalışmaları Anadolu'da ve Meclis'te yankı uyandırmıştı. Başta TBMM Reisi M. Kemal Paşa olmak üzere bir grup milletvekili onu ısrarla Ankara'ya davet etmekteydi. Bediüzzaman ise *"Ben tehlikeli yerde hizmet etmek istiyorum"* diyordu.

Gerçekten o sırada İstanbul'da bulunmak çok tehlikeliydi. Zira İngiliz işgal komutanlığı Bediüzzaman için görüldüğü yerde vurulması emrini çıkartmıştı.

TBMM'de "İrşat ve Tenvir heyetlerinin kurulması" fikri hüsnü kabul görecek ve daha ziyade din adamlarıyla dinî eğitim almış milletvekillerinden seçilmiş heyetler Anadolu'ya dağılarak halka olup bitenleri anlatmaya başlayacaklardı.

Bu heyette yer alan isimlerden birisi de İstiklâl Marşı şairi, o günkü unvanıyla "Burdur Meb'usu" olan Mehmed Âkif'ti. Vaazlarında İslâm kardeşliği üzerinde ısrarla duran Âkif söyle diyordu:

"Devlet, millet, ordu bizden fedakârlık istiyor. Biz bu fedakârlığı dinimizi, vatanimizi korumak için, seve seve yapacağız. Âlimler ilmiyle, zenginler servetiyle, fakirler güçleri nispetinde, eli silah tutanlar kuvvetiyle çalışacak. Bundan kaçmak haramdır, dine ihanettir. Her şeyi devletten bekleyemeyiz."

Hilafet Ordusunu Kim Kurdu

Murat Bardakçı'nın "Şahbaba" isimli kitabında da İsmail Hakkı Okday'ın bazı notları yer alır. Bu notlarda Okday, Vahdettin'in Mustafa Kemal Paşa'nın idam hükümünü hiçbir zaman tasdik etmediğini belirtir, *"Bu hüküm, Damat Ferit'in kuklası olan zavallı şeyhülislam tarafından verilmiş bir fetvaya dayanmaktaydı"* der. Okday, Kuva-yı Milliye'ye karşı kurulmuş olan Hilafet Ordusu teşkilindeki mesuliyetin de sadece Damat Ferit'e ait olduğunu vurgular. Okday,

"Damat Ferit'in bir Hilafet Ordusu kurma niyetinde olduğunu sultana bildirdiğim zaman, bu hususta hiçbir malumatı bulunmadığını ve Türk'ü Türk'e kırdırmanın zalimce bir iş olacağını söylemişti. Görüşmemizden 24 saat sonra sultan beni odasına çağırdı ve Hilafet Ordusu hakkında söylediklerimi Sadrazam Damat Ferit Paşa'nın yanında da tekrar etmemi söyledi. Damat Ferit şiddetle haykırdı ve 'Efendimiz, bu büyük bir yalan ve palavradır.. Damadınıza bu bilgileri verenler yalancılar ve hainlerdir... bu manasız dedikodular derhal tekzip edilecektir" dedi. Hilafet Ordusu bu tekzibe rağmen bir hafta sonra kuruldu.

Meclisi Kayseriye Taşıyacaklardı

Kütahya-Eskişehir mağlubiyeti (10-24 Temmuz 1921) sonunda Eskişehir, Kütahya, Afyon gibi büyük stratejik önemi bulunan şehirlerin Yunanlıların eline geçmesi, yurtta büyük bir hayal kırıklığına sebep oldu. TBMM'de moral bozukluğu başladı. TBMM'nin 23 ve 30 Temmuz 1337

(1921) tarihli gizli oturumlarında "Yunan taarruzu üzerine vaziyeti harbiye hakkında müzakerat ve TBMM'nin Kayseri'ye nakli" tartışıldı97. Oturum başkanlığını ikinci reis vekili Adnan Beyin yaptığı gizli toplantıda ilk sözü İcra Vekilleri ve Heyet-i Vekile Reisi Fevzi Paşa (Çakmak) aldı[74] ve (özetle) "...Arkadaşlar tarihi günler yaşıyoruz. Yunanlıların çok üstün kuvvetle yaptıkları taarruza karşı asker ve subaylarımız insan üstü bir gayretle kahramanca çarpıştılar, harp çok kanlı oldu, ağır zayiata uğradık. Biz şehir, bölge savaşı yapmıyoruz- Hedefimiz nihaî zaferdir. Ordumuz stratejik bakımdan en müsait yerde harbe devam edecektir. Malumu âliniz biz Ankara'da bulundukça ordu daima Ankara'yı nazarı dikkate almak mecburiyetindedir. Ordu Ankara'yı nazarı dikkate aldıkça düşman da manevrasını ona göre yapacaktır ve bizi daima bir noktaya bağlayacaktır. Bunlardan âzâde kalan bir ordu şimdi Eskişehir 'den daha emin bir vaziyettedir. Çünkü hatlarımız çok. İstersek Kırşehir 'e doğru, Kızılırmağ'a, Beypazarı'na doğru bir cephe yapabiliriz. Biz (Meclisi kastediyor) burada, Ankara 'da bulundukça ordu başka bir şey düşünemeyeceği için her halde merkezi hükümetin tebdili zarûretindeyiz. Bunun için Heyet-i Vekile yaptığı müzakeratta Kayseri'yi münasip görmüştür. Kayseri malumu âliniz, Anadolu'nun göbeği addolunur. Hükümetin orada tesisini, ordunun harekât-ı nokta-ı nazarından daha emin addediyoruz.. [75]

Hükümet namına İcra Vekilleri ve Erkan-i Harbiye-i Umumiye Reisi Fevzi Paşanın bu beyanatı Mecliste bom-

---

74 Birinci dönem Adana Milletvekili Damar Arıkoğlu, Fevzi Paşanın o günkü durumunu anlatırken "... Fevzi Paşanın rengi uçmuş, tıraş olmamış, kim bilir kaç gündür uykusuzluktan gözlerinin etrafı halka halka, elbisesi toz toprak, perişan kıyafeti söze başladı" der. a.g.e., s.235.
75 TBMM GCZ, c.2, s. 102,

ba tesiri yaptı. Zaten sinirler gergin, kürsüye çıkan çıkana. Onlardan biri olan Erzurum Mebusu Mustafa Durak Bey "... Bendeniz zannediyorum ki Heyet-i Vekile'nin verdiği bu karar yanlıştır. Bu, orduya aksi tesir hâsıl eder. Çünkü bütün millet Ankara'da bulunuyor... Ordu kendisine serbest bir program çizsin. Biz müdahale etmeyelim. Ordu şehir bekçisi değil, Ordu istiklâl bekçisidir. Nerede canı isterse orada harbini yapar..." dedi.[76]

Büyük Taarruz ve Akif

1936'da Mısır'dan İstanbul'a döndükten sonra Akif ile bir röportaj yapan Feridun Kandemir, röportajın bir yerinde Büyük Taarruz sırasında neler hissettiğini sormuştu. Bu hususta aralarında geçen konuşmayı aynen alıyoruz.

"-Ya büyük zafer üstadım... O anda ne duydunuz? Kalbi durmuş gibi sarsılıyor, sonra bir anda yeniden canlanmış gibi nereden geldiği bilinmez bir ışıkla gözlerinin içi gülerek:

-Ah!... diyor ve bir lahza bırakıyor kendini bu eşsiz sevincin koynuna... dalıyor ve sesinin ta içinden dudaklarına döküluşünü seziyorum.

-Allahım ne muazzam zaferdi o!... Ortalık herç ve merç oldu... Beş altı saat içinde bir başka dünya doğdu.

Tekrar gözlerini yumuyor:

---

76 TBMM GCZ, C.2, s. 103.

-Ve biz mest olduk...

-O zaman bir şey yazmadınız mı?

-Artık benim ne düşünecek, ne duyacak, ne de yazacak, hatta ne yaşayacak takatim kalmamıştı... Dilimiz tutulmuştu. Ordu, bizzat yazıyordu."

"Doğacaktır sana vadettiği günler hakkın,

Kim bilir, belki yarın, belki yarından da yakın."

Akif'in, Millî Mücadele'nin en karanlık günlerinde yakında doğacağını söylediği o büyük gün, Türk Ordusu'nun İzmir'e girdiğinde doğmuştu. [77]

77 Sebilürreşad, cilt 19, sayı 469, 24 Şubat 1337, s.4-5.

Sakarya Meydan Muharebesi

Kütahya milletvekili Besim Atalay o günlerde bir Cuma namazını şöyle anlatıyor:

"Namazgâhda toplanıldı. Yemyeşil çimenler üstünde diz çöken mü'minler güneş ve gök kubbe altında okunan çifte ezanlarla tek vücud halinde Cuma namazını kıldılar. Namazdan sonra Balıkesir mebusu Vehbi Bey pek tesirli bir konuşma yaptı. Va'azdan sonra Ankara meb'usu Hacı Mustafa Efendi duâ etti. Bu esnada cemaat hüngür hüngür ağlayarak tekbir getiriyordu. Heyecan dalga dalga göklere yükseliyordu. Herkes kendinden geçmişti. Ben ömrümde hiç böyle duâ, heyecan ve vecd görmedim!

O gün, Ankara'dan başka daha birçok yerlerde Cuma namazı böyle meydanlarda, büyük cemaatlerle ve çeşitli tezahüratla kılınmıştı. Zaten Sakarya Savaşı bütün Anadolu'yu ayaklandırmış, heyecana düşürmüş, bütün gözler savaş meydanlarına çevrilmişti.

28 Ağustos'da savaş o kadar şiddetlenmişti ki, Ankara sokakları yaralı gazilerle doldu!. Halk bunları bağrına basarak, nasıl hürmet edeceğini, ne yapacağını bilemiyordu. Kendisi aç kalma pahasına, bütün fırınlarını Mehmetçik'e tahsis etmiş, çıkarabildiği ekmeği askere yetiştiriyor, evlerden getirilen yatak takımları gazilere seriliyor, demirciler askere süngü ve kasatura yapmak için sabahlara kadar çalışıyor, en fakir evlere kadar bütün yuvalar, Haymana ovasındaki susuz mücahidlere su taşımak için tenekelerini, bakırlarını, bakraçlarını, gelinlik kızlar çeyizlerini feda ediyorlardı!.

Eylül'ün ilk günlerinde cepheden iyi haberler gelmeye, Ankara sokaklarında esir kafileleri görülmeye başladı. Cepheden dönen Refet Paşa Meclis'de izahat verirken şöyle diyordu: "Düşmanın tekmil taarruzları ref'ü def edilmiş, düşman tahmin olunamayacak derecede ağır zayiata uğratılmıştır. Savaşın bundan sonraki safhasına emniyet ve itimatla intizar edebiliriz."

Nihayet bu intizar devresi de geçti ve düşman mağlup ve perişan olarak Haymana'dan da, ötelerden de çekildi gitti, ondan sonra da Ankara'ya dönüş başladı. Gelenler gibi, Ankara'da kalmış olanlar da birbirlerini kutluyorlardı. Muhakkak ki, Ankara'nın geçirdiği mühim tehlike bu Sakarya günleri idi"

Sakarya Meydan savaşında subay ve er olarak 3282 şehid verdik. Mustafa Kemal Paşa'nın Meclis'in 19 Eylül 1921 günkü toplantısında: "Subaylarımızın kahramanlıkları hakkında söyleyebilecek söz bulamaması, yalnız ifadede isabet edebilmek için diyebilirim ki, bu muharebe subay muharebesi olmuştur" sözü ile belirttiği savaşta şehid subay sayısı 345, yaralı sayısı ise 1217'dir. Bu yıldönümü vesilesiyle cümlesine şükran, minnet ve rahmet...

Millet Malı

M. Necati Bey anlatıyor:'Uzun yollarda kesintisiz süren bir akışla savaş alanlarına inen mübarek kağnı kafilelerine her zaman rast gelirdim. Görüntü hiç değişmezdi: Zayıf öküzlerin çektikleri cephane yüklü arabalar ve bunların başlarında yanık yüzlü, çıplak ayaklı kadınlar, ihtiyarlar hatta çocuklar. Çok defa yolun kenarına çekilir, onların geçişini gözlerim yaşararak seyreder, kağnıların gıcırtılarını ilahi bir musiki gibi dinlerdim.

Karlı bir gün Çerkeş önlerinde kağnılarla cephane taşıyan bir kadın kafilesine rast gelmiştik. Kafileye yaklaştık ve selamlaştık. Biz soğuktan yamçılar altında bile titrerken, tek yorganını arabaya örten bir ninenin çıplak ayaklarla karları çiğnediğini görünce içimde bir merhamet sızladı. Yorganını, arkasına sardığı peştamalın içinde ara sıra hıçkıran bir çocuğun üzerine değil de, niçin arabanın üzerine serdiğini sormak gereğini duydum.

Sorumu garip bir tarzda karşıladı. Anlaşılan bu durumu konuşmaya değer bulmuyordu. Cevap beklediğimi anlayınca, kutsal bir şeye yaklaşır gibi kağnıya yaklaştı, yorganı aralayarak altındaki mermileri gösterdi:

'*Kar serpeliyor oğlum, millet malıdır, yazık, nem kapmasın.*'

Uçlarından çekerek yorganı mermilere sıkı sıkıya sardı.

Az önceki merhametimden utandım.'

KAYIPLAR

Doğu Cephesi (Kars) Harekâtı

Türk Kayıpları: 6 Şehit ve 21 Yaralı

Ermeni Kayıpları: 51'i Kars Harekâtında olmak üzere 95 ölü, biri bakan birkaç yüksek memurla birlikte general ve çeşitli rütbeden subay 50, er olarak ta 500 kişi tutsak edilmiştir.

Birinci İnönü Muharebesi

6–12 Ocak 1921 tarihleri arasında geçen muharebelerde

Türk Kayıpları: 4 Subay ve 117 Er Şehit, 12 Subay ve 85 Er Yaralı, 5 Subay ve 29 Er Tutsak

Yunan Kayıpları: 8 subay ve 49 er ölü, 9 subay ve 145 er yaralı

İkinci İnönü Muharebesi

29 Mart–1 Nisan 1921 tarihleri arasında geçen muharebelerde

Türk Kayıpları: 618'i Şehit olmak üzere subay ve er kayıpları toplamı 4.950'yi bulmuştu. 358 hayvan ile 2.432

piyade tüfeği ve 3 makineli tüfek de verilen kayıplar arasında

Yunan Kayıpları: Yunan General'i Kondilis'in belirttiğine göre; kuzeydeki 3. Kolordu'nun kayıpları 360 subay olmak üzere toplam kayıp 5.280, güneydeki 1. Kolordu'nun kayıpları 62 subay olmak üzere 944 kişi.

Kütahya-Eskişehir Muharebesi

21-25 Temmuz 1921 tarihleri arasında geçen muharebelerde

Türk Kayıpları: 1.634'ü Şehit, 4.981'i Yaralı 374'ü Tutsak ayrıca 55 makineli tüfek, 18 top.

Yunan Kayıpları: Kesin saptanamamakla birlikte; 1.084 ölü, 3.684 yaralı

Sakarya Meydan Muharebesi

23 Ağustos-13 Eylül 1921 tarihleri arasında geçen muharebelerde

Türk Kayıpları: 5.713 Şehit, 18.480 Yaralı, 828 Tutsak, 8.629 Kayıp

Yunan Kayıpları: 3.958 ölü, 18.955 yaralı, 354 er kayıp

Büyük Taarruz ve Başkomutanlık Meydan Muharebesi

26 Ağustos–18 Eylül 1922 tarihleri arasında geçen muharebelerde

Türk Kayıpları: 146 Subay ve 2.379 Er Şehit, 378 Subay ve 9.477 Er Yaralı, 2 Subay ve 55 Er Tutsak

Yunan Kayıpları: Tutsak Sayısı 20.000, Büyük Hezimetten sonra geri çekilen kuvvetlerden Çeşme, Dikili, İzmir, Gemlik, Bandırma ve Erdek Liman ve İskelelerinden Batı Anadolu'yu terk etmek zorunda kalan mevcutları arasında yapılan değerlendirmeyle ölü sayısının tahmini 100.000'nin üstünde olduğu anlaşılmaktadır. [78]

---

78 T.S.K. Tarihi T.B.M.M. Dönemi Türk İstiklal Harbi Özet Tarihi. IV. Cilt, I. Kısım

ANTLAŞMALAR DÖNEMİ

Lozan da Uzmanlarımız Yoktu.

Lozan'ı tartışmasız kabulleniyoruz. Lozan resmi tarihin "kutsallarından"dır.

Lozan'da İsmet Paşa'nın konuşma metinlerinin birçoğunu hazırlayan Dr.Rıza nur şöyle der:

"Lozan'a giderken bizde ne hazırlık var ne de dosya var, hiçbir şey yok. Avrupalılar ise tam teşekküllü gelmişler.[79]

"Lozan görüşmeleri esnasında devletin düyun-ı Umumiye borçlarını tam olarak bilen bir uzmanımız yoktu. O anda bize lazım olan Nöyyi antlaşmasını bile bulamadık.[80] Yüzbinlerce asker besliyorduk ama sınırlarımız hakkında uzmanımız yoktu.

---
79 Dr. Rıza Nur, Lozan Hatıraları. s.19.Boğaziçi yayınları
80 Age. s.579

Kıbrıs'ı Nasıl Kaybetmiştik

Bugün AB ni isteyen Kıbrıslı Türklerin dedelerinin topraklarını satarak İngiltere'ye nasıl ve niçin göç ettiklerini, bugün İngiltere'de adadaki nüfustan daha fazla Kıbrıslı Türk'ün yaşadığını biliyor musunuz? Tarih boyunca ele geçirdiği toprakları vatanlaştırmak için şehid olmayı ideal edinmiş bir milletin evlatlarının ellerindeki toprakları düşmanına satarak başka ülkeye göç etmesinin sosyolojik ve siyasi tahlillerini yaptık mı?

1974 Barış harekâtından günümüze aşağı yukarı otuz yıldan fazla zaman geçti. Kıbrıs milli bir mesele olarak görenler Kıbrıs Türk tarafını millileştirme adına hangi icraatları gerçekleştirmişler, açıklayabilirler mi? Yunanlılar 1878 de adayı Rumlaştırmak ve Ortodoks kilisesinin hâkimiyetine sokmak için başlattıkları harekette sadece dört yılda, sekiz olan kilise sayısını otuz dörde çıkarmış adada bir "Başpiskoposluk" kurmuşlardı. Bizim Kıbrıs Türkünün maneviyatına yönelik hangi teşebbüsümüz vardır? Hangi kurumları oluşturmuş, nasıl bir kültür politikası izlemişlerdir?

Yunanistan adadaki Türk mallarının Rumlara intikali için ülke dışındaki zengin iş adamlarını devreye sokup, yüzde yarım faiz ve yirmi sene vade ile kredi temin ederken, öğretmen adı altında Yunanistan'dan gelen genç subayların bir günlük hizmetlerini emekliliklerinde üç misli sayarken, 1947- 1948 de Dânâ efendi ve Bodamyalı Zade Sakip efendilerin Türk vakıflarını korumak için Ankara'dan istedikleri yardıma Ankara ne cevap vermiştir? Anadolu Ajansı Lefkoşe'ya Rum ağzıyla Nicosia dememiş midir?

İsterseniz biz Kıbrıs'ı nasıl verdiğimiz hiçbir tevile ve tefsire yönelmeden resmi Lozan antlaşması metninden okuyalım:

Madde 20- Türkiye, Britanya hükümeti tarafından Kıbrıs'ın 5 Teşrinisani 1914'de ilan olunan ilhakı tanıdığını beyan eder.

Madde 21- 5 Teşrinşisani 1914 tarihinde Kıbrıs adasında mütemekkin olan Türk tebaası kanunu mahallinin kabul ettiği şerait dairesinde İngiliz tabiiyetini iktisap ve bu yüzden Türk tabiiyetini zayi edeceklerdir. Maahaza iş bu muahadenin mevkii mer'iyete vaz'ından itibaren iki senelik bir müddet zarfında Türk tabiiyetini ihtiyar edebileceklerdir. Bu takdirde hakkı hiyârlarını istimal ettikleri tarihi takip eden on iki ay zarfında Kıbrıs adasını terke mecburdurlar. (Lütfen dikkat ediniz: Kıbrıs Türkünü elimizle hicrete zorlamışızdır!..)

İş bu muahedenamenin mevkii mer'iyete vaz'ı tarihinde Kıbrıs Adası'ında mütemekkin olup ta kanunu muhallinin tahin ettiği şerait dairesinde vukubulan müracaat üzerine tarihi mezkûrda İngiltere tabiiyetini ihraz etmiş veya ertelenmiş üzere bulunmuş olan Türk tebaası dahi bundan dolayı Türk tabiiyesini zayi edeceklerdir. Şurası, mukarrerdir ki, Kıbrıs Hükümeti, Türk Hükümetinin muvafakatı olmaksızın Türk Tabiiyetini başka bir tabiyyet iktisap etmiş olan kimselere İngiliz tabiiyetini tevfizden imtina etmek salahiyetini haiz olacaktır. "

Sevr'i imzalayan kaleme ne oldu?

Her ne kadar hiçbir zaman yürürlüğe girmemiş olsa da, tarihe Türk'ün ölüm fermanı olarak geçen 10 Ağustos 1920 tarihli Sevr Anlaşması'nın 87. yıldönümü bugün.

Sevr öyle bir anlaşmaydı ki, anlaşmayı imzalamak üzere Paris'e gelen Türk Heyeti'nin başkanı olan eski Sadrazam Ahmet Tevfik Paşa'ya anlaşma şartları ilk sunulduğunda: "Bu barış şartları bağımsız bir devlet kavramı ile kesinlikle bağdaşmaz!" diyerek Paris'i hemen terk etmişti.

Ahmet Tevfik Paşa'nın geri dönmesi üzerine İstanbul Hükümeti, Damat Ferit Paşa başkanlığında ikinci bir heyet gönderdi. Eski Maarif Nazırı (Milli Eğitim Bakanı) Hadi Paşa, Şura-yı Devlet (Danıştay) eski reisi Filozof Rıza Tevfik, Bern Sefiri (elçisi) Reşat Halis'ten meydana gelen bu heyet Paris'e giderek, 10 Ağustos 1920'de Sevr Antlaşması'nı imzaladı. Türkiye Büyük Millet Meclisi Hükümeti bu antlaşmayı tanımadı. Meclis "Misak-ı Millî"ye yemin ederek, Türk topraklarının parçalanmasına müsaade etmeyeceğini tüm dünyaya ilân etti.

Sevr'i imzada kullanılan kalemin akıbetiyle ilgili acı gerçek yıllar sonra bir başka vesileyle ortaya çıktı. Sevr Anlaşması'na imza atanlardan olan Rıza Tevfik, 29 Mart 1922'de Darülfünun (şimdiki adıyla İstanbul Üniversitesi) Konferans salonunda bir konferans verir. Rıza Tevfik konuşmasında, "Siz Türkler bugün hâlâ İstanbul'da oturabiliyorsanız, bunu Düvel-i Muazzamanın âlemi İslâma olan hürmetine borçlusunuz" ifadelerine de yer verir. Öğrenciler bu sözler üzerine hep birden ayaklanırlar ve sıra kapaklarına vurmaya başlarlar. "Sus, namussuz herif" diye bağıranlar olur. Rıza Tevfik'i sustururlar.

Kalemi nereye hediye etmiş?

Başta İstanbul olmak üzere ülkenin büyük bölümü işgal altında olduğundan vatanperver gençler zaten oldukça gergindir. Öğrenciler ertesi günü, yani 30 Mart 1922'de bir toplantı yaparlar. Türk milletini aşağıladıkları gerekçesiyle hocalardan Rıza Tevfik, Ali Kemal, Cenap Şehabettin, Hüseyin Daniş ve Barsayam Efendi'yi istifaya davet ederler. Bu konudaki taleplerini de Edebiyat Şubesi Reisi İsmail Hakkı Bey'e iletirler. "Gereği yapılmazsa derslere girmeyeceğiz" derler.

Olaylar büyür ve kamuoyuna yansır. Edebiyat Şubesi Reisi İsmail Hakkı Bey 3 Nisan'da gazetelerde yayınlanan konuyla ilgili açıklamasında, ortada millî hisleri rencide eden bir durum varsa bunun belgelenmesini ister. Öğrenciler 3 Nisan akşamı sabaha kadar uyumazlar. Hazırladıkları yeni iddianameyi 4 Nisan'da ilgili makamlara verirler. Verdikleri listede her ismin karşısına bulabildikleri suç unsurlarını da ilave ederler. Adı geçen zevatın milli hisleri rencide eden söz ve fiillerine örnekler verilir.

Bu suçlamalardan en ilginci, Rıza Tevfik'in Sevr'i imzalamış olması ve imza sırasında kullandığı kalemi Robert Koleji'ne hediye ettiği iddiasıdır. Bu iddiadan sonra olayların daha da büyümesi üzerine Rıza Tevfik görevinden istifa eder.

Turan ve Türk dünyasının büyük fikir adamlarından Nihal Atsız'ın kamuoyunda "Irkçılık-Turancılık Dâvâsı" diye bilinen 1944 Türkçülük dâvâlarında mahkeme heyetine karşı yaptığı savunmada, Rıza Tevfik'in Sevr'i imzada kullandığı kalemi Amerikan Koleji'ne hediye ettiği bilgisine de yer verir.

Robert Koleji'ne Rıza Tevfik tarafından bu kalemin hangi amaçla hediye edildiği de doğrusu merak konusudur. Rıza Tevfik keşke, kendisini bu yöndeki iddialarla protesto eden öğrencilere gerçek nedeni açıklasaydı. [81]

Tarihe Tanıklık Edenler

Atatürk'ün manevi kızı Ülkü İnan'ın kızı Arı İnan'ın Çağdaş Yayınları tarafından neşredilen "Tarihe Tanıklık

---

81 Osman Özsoy

Edenler" isimli kitabında da Sultan Vahdettin'den Atatürk'le ilgili ilginç anekdotlar yer almaktadır. Kitapta Son Osmanlı Sadrazamı Ahmet Tevfik Paşa'nın oğlu İsmail Hakkı Okday'la yapılan geniş bir söyleşi yer aldı. Anadolu'ya geçmeden önce İstanbul'da saraydaki Erkan-ı Harbiye şubesini idare eden Okday bakın neler anlatıyor:

"1920–1921. Anadolu'da Kuva-yı Milliye teşkil edilmiş, Yunanlılarla harp ediyordu. O esnada padişah, her cuma namazdan sonra odama gelirdi. Askeri durum hakkında malumat alırdı ve ne vakit milli ordumuz zafer kazansa, 'Elhamdülillah, ordularımız, İslam orduları muzafferdir" diye seviniyordu. Mustafa Kemal Paşa'yı takdir ediyordu. O zamanlarda durum hakkında malumat aldığında "Anadolu'dan gazete getirtebilir misin" dedi bana. Getirtiriz dedim ve Hâkimiyeti Milliye ve Yeni Gün gazetesi getirdik. Yeni Gün gazetesini Yunus Nadi Bey neşrediyordu. Hâkimiyet-i Milliye hükümet gazetesi idi. İki gazete de padişahın aleyhinde makale yazardı. Bunları büyük bir alaka ile okurdu. Bunu, Sadrazam Damat Ferit Paşa haber alınca men etmek istedi. Padişaha artık gazete verilmemesi için emir verdi. Tabii biz aldırmadık. Fakat Damat Ferit ısrar etti ve beni Büyükada'ya sürdüler. "

Lozan Görüşmelerinde Musul

Cihan Devleti Osmanlı'yı tasfiye eden Lozan görüşmeleri, 20 Kasım 1922'de "Monbenon Gazinosu'nda" açılmıştı İsviçre taraf olmamakla beraber bu tarihi görüşmelere ev sahipliği yapmıştı. [82]Yapılan görüşmeler, gizli şifre ile Türkiye'ye aktarılmış, dışişleri Bakanvekilliği'ni de üstlenmiş olan, Başbakan Rauf Orbay, gelen şifreler hakkında meclis'e bilgiler aktarmış, mecliste gelen bilgiler ışığında gizli oturumlar düzenlenmişti. .

358 civarında mebusun oluşturduğu Birinci Meclis [83]uygun bina bulunamadığından toplantı mekanı olarak İttihat ve Terakki Cemiyeti kulübü olarak yapılmış tek katlı bir binayı seçmişti..

Millet Meclisi, Lozan delegeleriyle ilgili olarak yaptığı iki gizli oturumdan sonra 25.12.1922 tarihinden 6.3.1923 gününe kadar 14 gizli toplantı yaparak gelişmeleri bütün ayrıntıları ile değerlendirmişti. Musul üzerine de hararetli tartışmaların yaşandığı meclisteki görüşmeler esnasında hatipler ateşli konuşmalar yapmışlardı.[84]

---

82 Prof. M.Cemil Bilsel.Lozan Cilt II. Sh.2. Sosyal Yayınlar. İstanbul. 1998
83 Ahmet Demirel Birinci Meclis'te Muhalefet.Sh.92, İletişim Yayınları İstanbul 1994
84 Konuşmalar için Bkz.TBMM Gizli Celse Zabıtları. 1-4 Cilt .Türkiye İş Bankası Yayınları. 1985

Musul konusunda gelen bir şifrede İngilizlerin Musul'u Türklerin eline bırakmamak için her yolu denedikleri, Türk tarafının kuvvetli delillerine rağmen işi hakem kuruluna havale etmek istedikleri yazıyordu. İsmet Bey'in(İnönü) Gürzon'a " *Büyük Millet Meclisi hükümeti heyeti, vatanı tamamlayan bir parça olan Musul vilayeti gibi büyük bir mıntıkanın mukadderatını ve bu ülke ahalisi ile kaynaklarının geleceğini, hakem kararına bağlı tutamaz. Türk hükümeti, davasının haklı olduğuna inanmaktadır. Musul'un kendisine verilmesini beklemektedir.*" [85]Dediği ifade ediliyordu.

Meclis ayağı kalkmıştı. Meclis Başkanı Rauf Bey(Orbay)İngilizlerin Musul'u Türklere verememe konusunda direnmelerinin Misak-ı Milliye aykırı olduğunu işaret ederek:

"Arkadaşlar, milletimizin, meclisimizin emeli ve Misak-ı Milli'deki açık kayıt, Musul'un geleceğini tayine taktir etmiştir. Hiç kuşkusuz Allah'ın inayetiyle Musul'un geleceği inşallah o olacaktır. Bundan başka bir şey olmayacaktır." Diyince.

Lazistan Mebusu Necati Bey, ise şunları söylemişti: *"Misak-ı Milli'yi hiçbir şeyimiz olmadan çizmişizdir ve ona sahip ve sadık kalacağız... Efendiler, süngünün kazandığını sulh masası kazanmaz. Bizim muzafferiyetimizi temin edecek şey süngüdür, başka nokta yoktur. Onların bizden istedikleri şeyler, varlığımızı ve bağım-*

Ankara
85 İsmail Soysal a.g:e sh. 234

sızlığımızı ihlal ediyor. Bugün onlara istediklerini veriniz, yine razı olmayacaklardır. Verilecek şeyler onların gözlerini doyurmaz. Bunun için, onlara yüksekten cevap verilmesi lazımdır. Bakanlar kurulu' nu tebrik ederim. Gayet güzel karar vermiştir. Hangi bakanlar kurulu sonradan bize gelecek ve biz Misak-ı Milli'nin şu maddesinden vazgeçiyoruz diyecektir? ÖYLE BAKANLAR KURULUNUN İLK ÖNCE BİZ İPİNİ BOYNUNA KOYACAĞIZ. Hangi delege heyetidir ki, buraya gelip, biz Misak-ı Milli'den şunu feda ediyoruz diyebilecek? ÖYLE DELEGE HEYETİ İLK KURŞUNU BİZDEN YİYECEKTİR

Meclis ikiye bölünmüştü. Mucizeler devrinin geçmiş olduğuna, İngiliz uçaklarına ve İngiliz ordularına karşı silahla karşı koyacak gücün henüz oluşmadığını savunan ülkenin yüksek menfaatlerini konuşarak, en uygun çözümler üreterek ve anlaşarak çözmeden yana olanlar ile Musul'u her ne pahasına olursa olsun, savaşı da göze alarak

Elde tutmayı isteyenler. İkinci tezi savunanlar mecliste "İkinci Gurup"

İçinde yer alıyorlardı. Olayların yatışmasını bekleyerek daha sonraki zamanlarda meseleyi gündeme almak isteyenler. sayıları 100-120 arasında değişen[86] "İkinci Gurup" ateşli hatipleri karşısında sessiz kalmayı tercih ediyorlardı.

İsmet Paşa Lozan görüşmelerine ara verildiği bir dönemde Ankara'ya geldiğinde meclisin 21 şubat 1923 günü yaptığı gizli toplantıda Lozan görüşmelerinin tüm ayrıntılarını anlatırken şunları söyledi:

---

86 Ahmet Demirel A.g.e ,Sh.113

"İngiliz işgali altında bulunan Musul Vilayetinin bize iadesi konusunda önemli görüşmeler yaptık. Karşılıklı muhtıralar verildi. Konu basına intikal edince, kamuoyu tahrik oldu. Tartışmalarda, onların öne sürdükleri delillere karşı ırki, coğrafi, iktisadi, siyasi kanıtlar verdik. Birbirimizi ikna edemedik. Bütün müttefikler tek cephe olarak konferansı kesintiye uğratmakla bizi tehdit ettiler ve bizi davamızdan vazgeçirmeye çalıştılar."

İsmet Paşa Lozan da olup biteni geniş bir şekilde meclise sunmaya devam etti Konferansın kesilmesini Müttefik ülkelerin, dünya kamuoyunu Türkiye aleyhine çevirebilmek için, yöntem değiştirdiklerini, aleyhte bazı propagandalara giriştiklerini anlattı. Lehte aleyhte konuşmalar arasında kürsüye çıkan Erzurum Mebusu Hüseyin Avni Bey sık sık alkışlanan ve tasvip edilen konuşmasında eleştirilerini dile getirerek sözlerini şöyle tamamladı:

Arkadaşlar! bir teklifim var. Gerek Vekiller Heyeti ve gerekse Büyük Millet Meclisi, Misak-ı Milliden zerre kadar feda ederse, icabı namus ve millet için çekip gitmelidir.. Musul'u veremeyiz.. Biz harbe atıldığımız zaman daha zayıf idik. Bugün elimizde ordumuz bulunduktan sonra mağdur vaziyete düşmek istemeyiz..

Tartışmalar gittikçe dozunu artırmaya başladı. *"Misak-ı Milli çiğnendi"*, *"Musul gitti"*,*"Her şey bitti"* *"Musul'u verirseniz sınır Erzurum'dur!"*diyerek, mebuslar durmadan söz alıyorlar ve Hükümeti eleştiriyorlardı. Sinirler son derece gergindi. Oturdukları yerden laf atanlar vardı. Mecliste bir oldu bitti 'ye getirilmenin endişesi yaşanıyordu.

27 Şubat 1923 günkü Gizli celsede söz alan Erzurum Mebusu Mustafa Durak Bey :

"Musul'un bir sene sonraya bırakılması demek arkadaşlar, Türkçe'de bir darb-ı mesel vardır, sona kalan dona kalır, Musul'u kaybetmek demektir. Musul'u kaybettikten sonra senin Şark'ta bir yerin kalmamıştır." diyerek yine aynı konuda hassasiyetini dile getirmişti.

"Musul'u verdiğiniz zaman sınır Erzurum'dur.

Meclisteki tartışmalar bundan sonra daha da arttı. Hükümetin Sulh'ten yana ağırlığını koyduğunu gören mebuslar, meclis başkanını sorularıyla hassasiyete davet ediyorlardı. Hüseyin Rauf Bey Meclisten yöneltilen her soruya cevap vermeye çalışıyordu. Siirt mebusu Necmettin Beyin;

- Rauf Beyefendi, geçen celsede Musul hakkındaki beyanatınızda Musul'un fevkalade ehemmiyetli olduğunu ve burasının terki Doğu illerimizin hepsini terk etmek kanaatinde olduğunuzu ifade ettiniz. Kanaatinizi değiştirdiniz mi? Yoksa bir mecburiyet mi gördünüz? Sorusuna;

- Hayır kanaatimi değiştirmedim. Ayni kanaatteyim. Musul meselesi Doğu meselesidir. Doğu tehlikeye düşerse, Türkiye tehlikeye düşer." Diye cevap veriyordu. Taraflar adeta sorular ve cevaplarla seksen sene sonra ortaya çıkacak Türkiye'nin sorunlarını tartışıyorlardı.

21-27 Şubat tarihleri arasında bakanlar kurulu aralıksız çalışarak görüşlerini tespit etmeye çalıştı. Bu toplantıların hepsine Mustafa Kemal Paşa ile Genelkurmay Başkanı Fevzi Çakmak da katıldılar. "İkinci Gurup" tutumlarını hiç değiştirmeden sert tartışmaların çıkmasına sebep oldular. Lozan delegeleri başarısızlıkla suçlanıyor *"Bunlarla iş görülmez"*, *"hükümet ve delegeler değişsin"*, *"siyasetten anlamıyorlar"*, Bursa mebusu Operatör Emin Bey *"Musul'u verdiğiniz zaman sınır Erzurum'dur. Dışişleri Bakanı hangi zihniyete göre, bir yıl sonra İngilizleri bize getirecektir!"* diyor, *"Misak-ı Milliden zerre kadar taviz veren, namus icabı çekip gitmeli."* diye laflar atılıyordu.

Mecliste bir de sessiz ve sakin bir kitle vardı. Bunlar çoğunlukla olumlu olumsuz tartışmalara katılmıyor, Mustafa Kemal Paşanın yönlendirdiği yolun **"en doğru yol"** olduğuna inanıyorlardı. Bu üyeler, başta Paşa olmak üzere, öteki sorumlular aleyhindeki davranışlara tepki göstererek, varlıklarını hissettiriyorlardı.

O günlerde, Avrupa basınında, meclisin bir bölüm üyesi "Mustafa Kemal Paşanın dalkavukları, muhalifler ise "savaş taraftarları" olarak değerlendiriliyordu. Bu ithamlar meclisteki havanın daha da elektriklenmesine sebep oluyordu.

Mustafa kemal Paşa ve Hükümet bu muhalefet ile Lozan antlaşmasının onaylanamayacağını fark etmişti. Kulislerde Meclis'in tatil edileceği yeniden seçimlere gidileceği konuşuluyor, Ankara kahvehaneleri, hanları, dükkanları çarşı ve pazarları siyasi bir arena olmuş çalkalanıyordu.

İkinci Gurubun ateşli hatibi Erzurumlu Hüseyin Avni Bey bu konudaki hassasiyetini şöyle dile getiriyordu:

"Avrupa'da bir cereyan var. Türkiye Büyük Millet Meclisi'nde iki parti vardır. Bir parti Mustafa Kemal'in yanında, onun dalkavuğu imiş, yeni seçimde onlar mebus olabilecekmiş. Mebusluktan ümitsiz olanlar harbin devamını istiyormuş, yeni seçimde onlar mebus olabilecekmiş. Efendiler, dünyada bu düşünceli bir alçak tasavvur edemem"

Mecliste guruplaşmalar ve ihtilaflar gün geçtikçe daha belirgin hal alıyordu. Seçim kaçınılmazdı. İkinci gurup adı altında belirginleşen muhalefette seçimden yanaydı. İkinci Guruptan İzmit mebusu Sırrı Bey "Misak-ı Milli haricinde müzakereye yetkimiz olmadığından keyfiyetin milletin genel oyuna arzını teklif ederim" şeklinde bir önerge vererek, seçimin yenilenmesinden yana olduklarını göstermişti, ama Mustafa Kemal Paşa henüz harekete geçecek ortamın oluşmadığı kanaatindeydi.

Mustafa Kemal Paşa yaptığı konuşmada, iki mühim meseleden birinin Karaağacı terk etmek, diğerinin ise Musul vilayeti meselesinin hallini bir sene sonraya bırakmak olduğunu söylemiş, bunları kabul ettiğimiz taktirde kar mı, yoksa zarar mı edileceğinin tahlilini yaparak şöyle demişti:

- Bugün suhuletle hepimiz anlayabiliriz ki, Musul'u vermemekte ısrar edersek muharabeye dahil oluruz. Binaenaleyh Musul meselesini bir seneye kadar halletmek üzere talik edip sulhe geçmek ve muharabeyi

kabul etmemek mümkün müdür? Kabil midir? Ve faydalı mıdır? Bu muhakemeyi suhuletle yapabiliriz. Lüzum görürseniz bugünden Musul meselesini müspet veya menfi bir surette hallederiz. Menfaatimiz ve atimiz bunu iktiza ediyor diye bir karar verirseniz, o zaman bugün vaziyet açıklanır. O zaman bunu alır, bütün teferruatı ile tetkik ederseniz, her şeyi yaparsınız ve kararınızı verirsiniz.

Musul meselesinin hallini muharabeye girmemek için bir sene sonraya talik etmek demek ondan vazgeçmek değildir. Belki bunun istihsali için daha kuvvetli olabileceğimiz bir zamana intizardır. Bugün sulh yaparız, bir ay sonra, iki ay sonra Musul meselesini halletmeye kalkışınız. Fakat bugün Musul meselesini halletmek istediğimiz vakit, bu meselede karşınızda yalnız İngiliz değil, Fransız, İtalyan, Japon ve bütün dünyanın düşmanları vardır. Yalnız karşı karşıya kaldığımız zaman, İngilizlerle karşılaşacağız. Bunda menfaat var mıdır? Yok mudur? Bunu meydana çıkarmak gayet kolaydır."

Babamızı niye inkar ediyorsunuz

3 Mart öğleden sonra ki toplantı Hasan Bey' in sorulu cevaplı açıklamalarıyla geçti. Hasan Saka Bey mali ve ekonomik toplantılar hakkında açıklayıcı bilgiler verdi. Osmanlı borçlarından bahsederken *"Türkiye Osmanlı İmparatorluğunun devamı , uzantısı değildir."* Deyince Mersin Mebusu Salahattin Bey: *"Ya nedir?* Diye sordu. Hasan bey de *" Parçalanmış bir imparatorluğun haleflerinden biridir"* cevabını verdi. Sala-

hattin Bey *Babamızı niye inkar ediyorsunuz."* Diye mukabelede bulundu. Hasan Bey sözlerine şöyle devam etti *"İnkar etmiyoruz. Babamız olduğuna nazaran yalnız oğlu biz değiliz. Bizden başka evlatları da vardır. Binaenaleyh vefat etmiş ve bir çok evlatlar bırakmış bir babanın emlak hakkındaki borçlarının, evlatlarından biri tarafından tasfiyesine karşıyız."* Tartışmalar yine alevli başlamıştı.

Hasan Beyin borçlar ve mali konulardaki açıklamalarından sonra, İsmet Paşa söz aldı Boğazlarla ve Çanakkale'de ki, mezarlarla ilgili görüşlerini dile getirdi. Paşanın sözleri kimi üyeler tarafından alkışlanırken bazı mebuslar oturdukları yerden yine **"Musul gidiyor!"** diye bağırıyorlardı.

Daha sonra kürsüye gelen Rauf Bey, Lozan konferansından önceki ve konferans esnasında gelişmeleri özetleyerek İsmet paşa, Hasan Bey ve Doktor Rıza Nur Beyin konuşmalarındaki esas noktaların üzerinde bir kere daha durarak şunları söylemişti:

"-Arkadaşlar, Murahhaslarımız çalışmışlar ve bir noktaya gelip dayanmışlardır. Oradan ilerisi Misak-ı Millinin aslı hatlarını temin etmek imkânına mazhar olamamışlardır. Musul'un elimizden çıkması vatanımız için en büyük tehlikedir. Bu mıntıka mutlaka sınırlarımıza dâhil olmalıdır. Bugün murahhas heyetimizin bir kanaati vardır ki, Musul üzerinde mutlak ve behemal onu alacağız fikrinde ısrar edersek, ancak ordu ile almak imkânı vardır. Çünkü bunun siyaseten alınmasına imkân olmadığına delegelerimiz kani olmuşlardır. Bize izah

ettikleri zaman biz de kani olmuşuzdur. Eğer bir sene tehir edersek ve bu bir sene zarfında kuvvetle çalışırsak, vaziyeti idare edebileceğiz ve Musul'u siyaseten bizim tarafa geçirmek imkânı mevcut olacaktır. Bugün askeri hareket yapmadan Musul'u almağa imkân yoktur."

Ama ne Rauf bey'in dediği gibi savaş oldu, ne de işi görüşmelerle başarıya ulaştırabileceklerin sananların arzuları gerçekleşti 1 Nisan 1923 te ki oturumda alınan kararla meclisin tatil edilmesi ve yeniden seçimlere gidilmesi kararlaştırıldı.

Yurt sathında yapılan seçimler Lozan antlaşmasının şekillenen haliyle imzalanmasına karşı çıkan "İkinci Gurup"un adeta tasfiyesiyle neticelendi..

Lozan antlaşması İKİNCİ MECLİSTE Yahya Kemal Beyatlı, Şükrü Kaya ve Mustafa Necati,Vasıf Çınar gibi 14 kişinin red (kırmızı) oyuna karşı 213 oyla kabul edildi. . Musul, Misak-ı Milli sınırlarının dışında 80 yılı aşkın süredir yara olarak kaldı.

Akif'in Sevr hakkındaki Görüşleri

Akif, Nasrullah Camii'ndeki va'azına Kur'an'dan Al-i İmran sûresinin 118. ayetini okuyup mealini vererek başladı.

"Ey iman etmiş olanlar, ey müslümanlar, içinizden olmayanlardan size yabancı kimselerden dost ittihaz etmeyiniz- Âyet-i celiledeki (bitane) içli dışlı görüşülen, kendisine her türlü sırlar emanet edilen samimi dost, yarıcan, arkadaş, mahremi esrar manalarınadır. Öyle ki sizlere karşı mazarrat ika etmekten, aranıza fitneler, fesadlar sokmaktan hiçbir vakit geri durmazlar. Ellerinden gelen fenalıkların hiçbirini sizden esirgemezler. Sizin sıkıntılara, musibetlere, felâketlere uğramanızı isterler. Görmüyor musunuz, hakkınızda besledikleri düşmanlık ağızlarından taşıp dökülüyor. Bununla beraber yüreklerinde, sinelerinde gizlemekte oldukları kinler, garazlar, husumetler, o bir türlü zaptedemeyip de ağızlarından kaçırmakta oldukları adavetten çok büyüktür, çok şiddetlidir. Bizler size her biri aynı hikmet, mahzı ibret olan ayetlerimizi böyle sarih bir suretle bildirdik. Eğer sizler aklı başında kimselerseniz, iyiyi kötüden ayırır, hayrını, şerrini düşünür, bu hikmetlerin, bu ibretlerin muktezasınca hareket ederek hem dünyada hem de ahirette felah bulursunuz."

Akif, bu görüşü desteklemek için Tevbe, Bakara ve Maide surelerinden de örnekler verdi. İlk olarak Batı hayranlığının bize verdiği zararları anlattı.

Müslümanların en büyük düşmanının her dönemde fitne, fesat, nifak ve şikak olduğunu bir kere daha vurgulayan ve aramıza sokulan fitneleri, fesadları, fırkacılıkları kavmiyetçilikleri, daha bir türlü ayrılık, gayrılık sebeplerini ebediyen çiğneyerek el ele baş başa vermemiz gerektiğini söyleyen Akif;

"Ey cemaat-i Müslimin! Milletler topla, tüfekle, zırhlı ile, ordularla, tayyarelerle yıkılmıyor, yıkılmaz. Milletler ancak aralarındaki rabıtalar çözülerek herkes başının derdine, kendi havasına düştüğü zaman yıkılır... İslâm tarihini şöyle bir gözden geçirecek olursak cenupta, şarkta, şimalde, garpta yetişen ne kadar müslüman hükümetleri varsa hepsinin tefrika yüzünden aralarında hadis olan fitneler, fesadlar, nifaklar, şikaklar yüzünden istiklâllerine veda ettiklerini, başka milletlerin esareti altına girdiklerini görüyoruz" diyerek tarihi bir hakikatin altını çizdi.

Bizim zaaflarımızdan faydalanan düşmanlarımızın yerli işbirlikçilerden de faydalanarak Osmanlı döneminde Şam, Kudüs, Yemen, Güneydoğu Anadolu..., Millî Mücadele yıllarında da Adapazarı, Düzce, Yozgat, Bozkır, Biga... İsyanlarının çıkışında da önemli rol oynadıklarını belirten Akif, "Artık kime hizmet ettiğimizi, kimin hesabına birbirimizin gırtlağına sarıldığımızı anlamak zamanı zannediyorum ki gelmiştir... Çünkü böyle düşman hesabına çalışarak elimizde kalan şu bir avuç toprağı da verecek olursak çekilip gitmek için arka tarafta bir karış toprağımız yoktur. Şimdiye kadar düşmana kaptırdığımız koca koca memleketin halkı hicret edecek yer bulabilmişlerdi. Neûzubillah biz öyle bir âkibete mahkum olursak başımızı sokacak bir delik bulamayız. Zaten düşmanlarımızın tertip ettikleri sulh şeraiti bizim için dünya yüzünde hakkı hayat, imkân-ı hayat bırakmıyor..." diyerek Sevr Antlaşması'nın zararlarını anlatmaya başlamıştır.

Bir kısım halkın ve aydının düşüncelerinin aksine düşmanlarımızın bizden istediğinin herhangi bir vilâyet veya sancak değil, doğrudan doğruya başımız, boynumuz, hayatımız saltanatımız, devletimiz, hilâfetimiz, dinimiz, ve imanımız olduğunu belirtir ve "Neûzubillah muahedeyi kabule mecbur olduk mu, Anadolu 'da asker besleyemeyeceğiz. Yalnız bir miktar jandarma kuvveti bulundurabileceğiz. Bu jandarmalar içinde külliyetli miktarda Rum, Ermeni, Yahudi bulunacak. Zabitlerin yüzde on beşi ki tabii hep yüksek rütbeliler olacaktır, ecnebiden gelecektir. Anadolu mıntıka mıntıka ayrılıp her mıntıka bir ecnebi zabitin eline verilecektir" demiştir.

Sevr Antlaşması'nın malî hükümlerine de değinen Akif Antlaşmadan sonra İngiliz, Fransız ve İtalyan'lardan oluşan bir heyetin devletimizin bütçesine el koyacağını, vereceğimiz vergilerin hep Rumların, Ermenilerin menfaatlerine sarf edileceği; Gümrükler meselesinin ise ayrı bir afet olduğunu, gümrüklerimize sahip olamayacağımızdan çiftçilerimizin fakir düşeceği; düşmanlarımızın adlî konularda da bizim için alıkıran kesileceğini, adam döveceklerini, vuracaklarını belki de öldüreceklerini, ötekinin berikinin emlâk ve arazîsini gasp edeceği hususları üzerinde durmuştur.

Düşmanın bizi ezmek için iki kuvvete sahip olduğunu, bunlardan birincisinin Yunan ordusu, ikincisinin ise memleketimizde çıkartmakta olduğu nifak olduğunu belirten Akif "Zaten bu ikincisi olmazsa birincisinin hiç ehemmiyetinin olmadığını..." belirtmiş ve "Biz aklımızı başımıza alarak el ele verdiğimiz gün inayet-i Hakla memleketimizi, istiklalimizi kurtarmaklığımız muhakkaktır..." demiştir.

Yabancı Gözüyle Lozan

1922–1923 yılları arasında Sovyetler Birliği'nin Türkiye büyükelçisi olarak Ankara'da bulunan S. İ. Aralov'un, Lozan Konferansı' nın sonuçları ile alakalı olarak yazmış olduğu hatıratında:

"... İngiltere Dışişleri Bakanı Lord Curzon, eskiden Türkiye'nin olan Musul'u ve daha başka yerleri Türkiye'den koparmayı, Yunanlıların yakıp yıktığı şehir, kasaba ve köyler için Yunanlılara tamirat parası verdirmemeyi ve Boğazlar meselesinde İngiliz planını gerçekleştirmeyi başardı.

Türkiye'nin Musul'u bırakması ve tamirat parasın-

dan vazgeçmesi karşılığı olarak kendisine küçücük Karaağaç bölgesinin verilmesiyle yetindi Bundan başka batılı devletler, Türkiye'yi, Osmanlı Devleti'nin batılı kapitalistlere olan borçlarının, Osmanlı Devleti'nden ayrılan ülkeler arasında bölünüşünden sonra, payına düşen bölümünü 20 yıl içinde ödemeye ikna ettiler" diye yazmıştı.

İstiklal Harbinin Esasları

Başvekil İsmet İnönü'nün, eski silah arkadaşlarında Kazım Karabekir Paşa'nın "İstiklal Harbinin Esasları" isimli hatıralarını yasaklatmıştı.....Hatta matbaada basılan eserler ateşe verilmişti.

Bu hadise üzerine Cafer Tayyar Paşa ile dertleşen Kazım Karabekir'inüzüntülerini ifade ederken:

"Ah İsmet!.. Her türlü insanlık hissinden sıyrılacak kadar haris olacağına, biraz ileriyi görmek hassasına sahip olsaydın, ne olurdu?" demişti... [87]

Bana Vatan Haini Diyenler(!)

Şimdi bana haksız yere vatan hainliği isnat edenler, Hilafet' i hukuk ve nüfuzundan ayırarak, Muhammet saltanatını yıkmışlar ve yalnız vatanlarına değil, bütün İslam alemine ihanet etmişlerdir. Ben devleti tehlikeden korumak için özellikle Dünya Savaşı'na katılmamız sırasındaki aşırılıkların acısını tattıktan sonraki sonra, dış politikada karşıtlarımın tabir ettiği şekilde "korkak" yani itidal

---

87 Kandemir,Feridun; İkinci Adam,Yay.,İst./1968,s.4

ve ihtiyatla hareket ettim. Daha doğrusu, vakit kazanmak için, gerekirse kendimi feda etmeye karar verdim. Bu ılımlı ve ihtiyatlı davranış karşısında, karşıtlarımın aşırı ve ne olursa olsun metodu isabetli ve başarılı sonuç verecek olursa şahsen ben kaybedecektim, fakat devlet kazanacaktı. Hâlbuki onlar, devlete İslami saltanatını kaybettirdiler.

Eğer benim bir hatam var ise, din ve devletin bu derece tahribine ve bozulmasına bazı seçkin kişilerin dışında bütün vekiller, bilginler, akıllı kişiler ve memleketin ileri gelenleri tarafından ses çıkarılmayacağına ve bazı hasis menfaatler gizli ve açık şekillerle yardım edileceğine ihtimal vermemiş olmamdadır. Ben devletin hayat ve memadıyla herkesten fazla ilgili olan milletin aydınlarının vatani ve vicdani görevlerini bu derece su ihtimal etmeyecekleri hakkında beslediğim iyi niyetlerime ait olan hayatımı itiraf ediyorum.

Sözün kısası, şunu açıkça söylerim ki, Hilafet meselesinin çözümü dini, kavmiyeti, vatan şüpheli; askeriyeden ve diğer sınıflardan oluşan az sayıda bir kötü kişiler topluluğuyla kısmen zorlanmış, kısmen de durumun içyüzünden habersiz ve kandırılmış bulunan beş-altı milyonluk masum Türk kavminin yetkisi içinde olmayıp, üç yüz milyonluk İslam aleminin tamamını ilgilendirecek çok büyük meseledir. Bundan dolayı şimdi ben, Hilafet hakkında Ankara' da ve İstanbul' da verilen gereksiz ve zorlayıcı hükmü kesinlikle kabul etmeyerek ve hakkını da reva görülen iftiraları bunları ortaya atanlara son derece nefretle redd ve iade ederek, memlekette cins ve mezhep farkı gözetmeden, bütün halkın saadet ve refahından başka bir vahideddin emeli olmayan, adaletle itidalin hâkim olmasını isteyen rahata ermiş bir kalp ve vicdanla ve hakla gerçeğin yenilemeyeceğine dair kuvvetli bir imanla sevgili vatanıma dönünceye kadar, güzel kokulu toprağını ezelden beri özlediğim Haremeyn-i Şerifeyn' de ve şimdilik Kâbe'nin civarında vakit geçiriyorum.

Sultan Abdülmecid Han oğlu Mehmed

Geç Gelen İtiraf

Yine Şahbaba'da yer alan bir anekdot, Atatürk'ün Vahdettin hakkında Nutuk'ta söylediklerinden çok farklı bir tutumundan söz ediliyor. Hamdullah Suphi Tanrıöver'den naklerilen anekdot şöyledir: Vahdettin'in ölüm haberi geldiğinde Adana'da bulunan Atatürk'ün sofrasında Hamdullah Suphi de vardır. Atatürk, *"Çok namuslu bir adam öldü. İsteseydi Topkapı'nın bütün cevahirini götürür ve öyle bir ordu kurup geri dönerdi ki.."* demiş. Bu sözleri Hamdullah Suphi kuzeni Fethi Sami Baltalimanı'na aktarmış. Fethi Sami Sultan Vahideddin'in ablası Mediha Sultan'ın torunudur. Vahdettin İstanbul'u terketmeden bir süre önce yanında bulunan ve kıymetli taşlar ve elmaslarla süslü Hz. Osman'a ait olduğu söylenen el yazması Kuran-ı Kerim'i Topkapı Sarayı'na iade ettiği bilinmektedir.

İNKİLAPLAR

Dünden Bugüne Değişen Ne Var?

Osmanlı'nın son döneminin ünlü İttihatçı ve masonu Abdullah Cevdet'in çıkardığı İçtihad Mecmuası'nda yayınlanan ve Kılıçzade Hakkı'nın kaleme aldığı "Pek Uyanık Bir Uyku" başlıklı iki yazıda batıcıların bütün hedefleri özetlenmiştir. Bu makalede özetle şunlar sıralanmıştır:

* Fes kâmilen defedilip yeni bir serpuş kabul olunacaktır.

* Mevcut kumaş fabrikaları genişletilecek ve yenileri de açılacaktır. Yerli mallarının kullanılması teşvik edilecektir.

* Kadınlar diledikleri tarzda giyinecekler, yalnız israf etmeyeceklerdir. Polisler ve softalarla, arabacı makulesi kimseler kadınların giyimlerine asla müdahale etmeyeceklerdir.

Şeyhülislâm Efendiler de çarşaflara dair beyannameler yazmayacak ve imza etmeyeceklerdir.

Polisler, kadınların işine ancak münasebetsiz ve genel ahlâka dair meselelerde müdahale edebilecekler ve bu vazifelerini de büyük bir nezâketle yerine getireceklerdir. Kadınlar vatanın en büyük velinimeti sayılarak kendilerine erkekler tarafından hürmet ve riayet gösterilecektir.

* Kadınlar ve genç kızlar, Müslüman Boşnak ve Çerkezlerde olduğu gibi, erkekten kaçmayacaklardır. Her erkek, kendi gözüyle gördüğü, tetkik ettiği, beğendiği ve seçtiği kızla evlenecektir. Görücülük âdetine nihayet verilecektir.

* Kızlar için diğer mekteplerden başka bir de Tıbbiye Mektebi açılacaktır.

* Birer tembellik yuvası olan bütün tekkeler ve zaviyeler ılga olunacak, varidat vetahsisatları kesilip, Maarif bütçesine ilâve edilecektir.

* Bütün medreseler kapatılacaktır.

* Sarık sarmak ve cübbe giymek sadece yüksek alimlere mahsus hale getirilecektir.

* Evliyaya nezirler yasak edilecek, bu gibi teberrular Donanma ve Müdafaayı Milliye Cemiyetleri kasalarına girecektir.

* Arazi ve Evkaf kanunlarından başlanarak bütün kanunlar ıslah edilecektir.

* Şer'i mahkemeler kaldırılacak ve Nizami mahkemeler ıslah edilecektir.

* Mecelle kaldırılacak veya en azından o derece değişecektir.

* Mevcut Osmanlı Elifbası atılarak yerine Lâtin harfleri kabul edilecektir.

* Avrupa Medeni Kanunu kabul edilerek bugünkü evlenme-boşanma şartları tamamıyla değiştirilecektir. Birden fazla kadınla evlenmek ve bir sözle karı boşamak usulleri kalkacaktır.

Esas metne bağlı kalınarak özetlenen bu düşüncelere eklenebilecek sistemli başka şeyler olduğu pek söylenemez. Bu düşünceler dönemin aydınları arasında yapılan münakaşaların esasını oluşturmaktadır. Dikkat edilecek husus, özellikle İslamcılarla batıcılar arasındaki münakaşalarda, birincilerin sürekli savunma halinde bulunmalarıdır ki, bu husus günümüzde bile pek fazla değişmemiştir. [88]

---

88 Tarık Zafer Tunaya, Türkiye'nin Siyasi Hayatında Batılılaşma Hareketleri, İstanbul, 1960.

700 Yıl Sonra Tekmelenen Mezar...

Kurtuluş Savaşı yıllarında Balıkesir ve Bandırma'dan sonra Bursa'nın da 8 Temmuz 1920'de Yunanlılar tarafından işgal edilmesi, yurdun her köşesinde olduğu gibi Meclis'te de büyük üzüntüye sebep oldu. Bursa'dan gelen haberler kötüydü.

Bu işgalin Millî Mücadele'nin başşehri Ankara'ya olan yansıması çok farklı oldu. Konu hemen Meclis gündemine geldi ve müzakere edildi. Kürsüye gelen Burdur Milletvekili İsmail Suphi Bey, Yunanlıların işgal ettiği Anadolu topraklarında yaptığı zulümleri bir bir anlattı. Konuşmasında, Yunanlıların Bursa Ulucamii'ni bombalarla tahribe yeltendiklerini, Yunanlı subayların yedi asır evvel Osmanlı Sultanı Orhan Bey'le evlenen Rum kızı (Horofira, yani) Nilüfer Sultan'ın kabrine giderek, "Vaktiyle sen bir Türk'e vardın" demek suretiyle kabri tekmelediklerini ve tahrip ettiklerini anlattı.

Bu sırada milletvekillerinin kendilerini tutamayarak hıçkıra hıçkıra ağladıkları görüldü. Meclis tutanaklarına da yansıdığı gibi Meclis'te gözyaşları sel olup aktı. [89]

Divan Edebiyatı Yasaklanmalıdır

Nurullah Ataç'ın Devrim başlıklı yazısından:

"Eski şiirimizi, divan şiirini, bilirsiniz, çok severim. Bir yandan da kızarım ona, onu sevdiğim için

---
89 TBMM Zabıt Ceridesi, C. II, s. 227.

kendime kızarım. (90) Kapatmalıyız artık o edebiyatı, büsbütün bırakmalıyız, unutmalıyız, öğretmemeliyiz çocuklarımıza. Onu sevdikçe, Fuzuli, Baki, Naili gibi şairleri okuyup bir tat duydukça, çocuklarımıza da belleteceğiz, sevdireceğiz diye uğraştıkça Doğulu olmaktan silkinemeyeceğiz, kurtulamayacağız, Batı acununa gerçekten karışamayacağız'

90 Özden, Atatürk Döneminde Kemalist Metinler: A'râfda Bir Kemalizm: Tekin Alp ve Kemalizm (1936)

Ankara Başkent Olurken

Tekin Alp Ankara'nın başkent olarak seçilmesini şu şekilde yorumlamıştır.

Yeni Türk ruhu İstanbul'un kokuşmuş havasından uzakta Ankara'da gelişecektir:

'..Türk devletinin merkezi,13 Eylül 1923'te ilan edilen bir kanunla, Büyük Hitit imparatorluğu başta olmak üzere, binlerce yıl birçok Türk imparatorluklarına sırasıyla merkez vazifesini görmüş olan Orta Anadolu yaylasına yerleşti. Yeni Türk ruhu, ancak eski Bizans payitahtının mütefessih muhitinden, ucu şu veya bu suretle, doğrudan doğruya, yahud bilvasıta Sultan ve Halife saraylarına, yıkılan İmparatorluğun eski ricalinin konaklarına ulaşan çeşid çeşid dallar budaklarla dolu muhitten uzak olarak inkişaf edebilirdi. (..) Kemalizm'in idealist ruhu, Boğaziçi'nin teshir edici sahillerinde karşılaşan kozmopolit ve beynelislam cereyanlarla sık sık çarpışmış olacaktı.'[91]

Yazarın resmettiği İstanbul, Bizans'tır, sultanın sarayıdır, rical konaklarıdır, kozmopolittir, hulasa kötülüklere tekabül eder. Bu sebeple yeni yönetim bu tesirlerden uzakta yeni bir mekânda oluşmalıydı.

Ergenekon

Cumhuriyetin ilânından bir yıl sonra, 12 Kasım 1924'te Bakanlar Kurulunun 111 sayılı kararnamesi ile İs-

---

91 Alp 1936:95-96

tanbul'da Türkiyat Enstitüsü kuruldu. Enstitünün ilk müdürü, daha önce dil tartışmalarında da yer alan edebiyat araştırmacısı Mehmet Fuat Köprülü idi. Enstitünün amacı, eski çağlardan başlayarak Türk kültürünün çeşitli kollarında araştırma ve yayınlar yapmaktı. [92]Ancak, böyle bir enstitü kurma düşüncesi cumhuriyetin ilânından çok değil dört-beş gün sonra ortaya çıkmıştı.

Gazi Mustafa Kemal, M. Fuat Köprülü'yü çağırarak "Fuat Bey, cumhuriyeti kurduk. Artık cumhuriyeti ve devletimizi ilmî temeller üzerinde yükseltmek zamanı gelmiştir. Lütfen İstanbul Darülfünunu bünyesinde Türkiyat Enstitüsünü kurunuz." talimatını verir. İstanbul Darülfünununda on aylık bir hazırlık çalışması başlatılır. Hazırlanan dosya Gazi Mustafa Kemal'e sunulur. Savaştan

---

92 S. Buluç, "Türkiyat Enstitüsü", Türk Ansiklopedisi, Devlet Kitapları, C. XXXII, Ankara, 1983, s. 312.

yeni çıkmış genç Türkiye Cumhuriyetinin kıt bütçesinden 200.000 TL. tahsisat çıkarılır, böylece enstitü kurulur. M. Fuat Köprülü, enstitünün ambleminin nasıl olması gerektiğini sorduğunda, Gazi Mustafa Kemal, Türkiyat Enstitüsünün amblemini şöyle tanımlar: "Fuat Bey ! Karlı Tanrı Dağları'nın önünde elinde meşale tutan bir bozkurt olsun, bu meşale genç Türkiye Cumhuriyeti'nin ilminin ifadesi olsun. Ergenekon'dan çıkmamızda kılavuz olan bozkurt Türklüğün Anadolu topraklarındaki yeni devletinin kuruluşunu ifade etsin."[93] Türkiyat Enstitüsünün kuruluşu, Gazi Mustafa Kemal'in daha sonra dil ve tarih alanlarında yapacağı çalışmaların ilk işaretiydi.

Yeni Tarih Anlayışı

Ulusal devleti tarihî temellere ve coğrafî bütünlüğe dayandırmak düşüncesi ile Atatürk'ün ortaya koyduğu ve Afet İnan'ın savunduğu "Genel Türk Tarihi Tezi"ne göre Türkler Anadolu'da devlet kuran ilk ulustu. Osmanlı döneminde batıda ileri sürülen, hatta Anadolu'nun işgaline sebep gösterilen, Türklerin sarı ırktan ve Avrupa anlayışına göre ikinci sınıf bir insan tipi olduğu, sonradan gasp ettikleri Anadolu topraklarında köklü bir haklarının bulunmadığı iddialarına karşı geliştirilen bu tarih tezinde Anadolu'nun Türklüğü Sümerlerin ve Hititlerin Turanî kavimlerden olduğu düşüncesi ile kanıtlanmaya çalışılmıştır. Afet İnan, bu tezi şöyle özetler: ***"Türk çocuğu yakın bir tarihte göç etmiş olmakla bu vatanın hakikî sahibi***

---

[93] Prof. Dr. Osman Fikri Sertkaya, "Atatürk ve Türk Dili", Türk Dili dergisi, , S. 599, Ankara, Kasım 2001, s. 549

olamaz: Bu fikir tarihen, ilmen yanlıştır. Türk brakisefal ırkı Anadolu'da ilk devlet kuran bir millettir. Bu ırkın kültür yurdu ilk zamanlarda, iklimi müsait olan Orta Asya'da idi. İklim tabiî şartlar dâhilinde değişti. Taşı cilâlamayı bulan, ziraat hayatına erişen, madenlerden istifadeyi keşfeden bu halk kütlesi göç etmeye mecbur kaldı. Orta Asya'dan şarka, cenuba, garpta Hazar Denizi'nin şimal ve cenubuna olmak üzere yayıldı. Gittikleri yerlere yerleştiler, kültürlerini oralarda kurdular. Bazı mıntıkalarda otokton oldular, bazılarında otokton olan diğer bir ırk ile karıştılar. Avrupa'da tesadüf ettikleri ırk tipi dolikosefal idi. Irak, Anadolu, Mısır, Ege, medeniyetlerinin ilk kurucuları Orta Asyalı brakisefal ırkın mümessilleridir. Biz bugünkü Türkler de onların çocuklarıyız."[94]

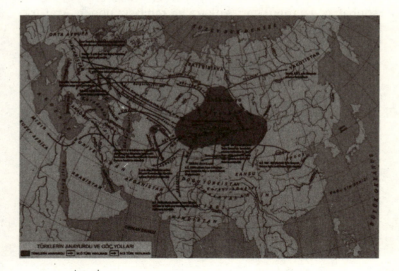

---

94   Halil Berktay, "Tarih Çalışmaları", Cumhuriyet Dönemi Türkiye Ansiklopedisi, C. 9, İletişim Yayınları, İstanbul, s.2462

Güneş Dil Teorisi

İşte tam bu günlerde, 1935 yılının sonlarına doğru Viyanalı Dr. Hermann F. Kıvergitsch, 41 sayfalık basılmamış bir çalışmasını Atatürk'e gönderir. La psychologie de quelques elements des langues turques "*Türk Dillerindeki Kimi Ögelerin Psikolojisi*" adındaki bu eser, sosyolojik ve antropolojik çalışmalara dayanmaktadır. Bu veriler, psikanaliz görüşleri ile de birleştirilerek, insanın iç benliği ile dış dünyası arasındaki bağlantının dildeki seslerin sembolizmine dayandığı düşüncesiyle de pekiştirilmektedir. Dr. Hermann F. Kıvergitsch, bu düşünceden hareketle kendi yöntemini uygulayarak, Türk, Moğol, Mançu, Tunguz dilleri ile Fin, Macar, Japon, Hitit dilleri arasında bir yakınlık olduğunu ortaya koyacak delilleri değerlendiriyordu[95] O sonbahar, İstanbul'dan Ankara'ya rahatsız dönen Atatürk, Kurum üyelerini yanına çağırır. TDK üyelerini yatakta karşılayan Atatürk, Dr. Hermann F. Kıvergitsch'in çalışmasından söz eder. Dr. Kıvergitsch'e göre ilk tefekkür güneşle ilgilidir. Dillerin doğuşu da bu nedenle güneşe bağlanmalıdır

Bu çalışmadan etkilenen Atatürk, konu üzerinde çalışmaya başladı. Bu çalışmanın sonucunda Atatürk tarafından hazırlanan bir eser yayımlanır.[96] Bu eserde Dr. Kıvergitsch'in çalışmasının okunduğu ve bu çalışmadan yararlanıldığı belirtilmektedir. Kısaca 'Güneş-Dil Teorisi' adıyla anılacak bu yeni düşünce şöyle özetlenebilir. "*Güneş Dil*

---

95 Prof. Dr. Zeynep Korkmaz, "Güneş-Dil Teorisi ve Yöneldiği Hedefler", Meydan dergisi, S. 601-83, Ocak 1982, s. 23.
96 Etimoloji Morfoloji ve Fonetik Bakımından Türk Dili: Notlar,Sh.68, Ulus Matbaası, 1935

Teorisine göre dilin doğuşunda ilk etken güneştir. Bu da güneşin insan varlığı üzerindeki ana işlevi ile ilgilidir. Güneş, dünya ve insanlık tarihinin gelişmesi üzerindeki bu ana işlevi ile dinî ve felsefî düşüncenin doğuşuna kaynaklık ettiği gibi dilin doğuşunda da başlıca etken olmuştur. Çünkü insanoğlu içgüdüleri ile davranan bir yaratık olmaktan çıkıp da düşünebilen bir varlık hâline gelince, dış alanlar dediğimiz evrende her şeyin üstünde tuttuğu ilk nesne güneş olmuştur. Güneş; ilkin kendisi, sonra saçtığı ışık, verdiği aydınlık ve parlaklık, ateş, taşıdığı yükseklik, zaman, büyüklük, güç, kudret, hareket, süreklilik, çoğalma ve benzeri nitelikleri ile düşünen insanın kafasında çok yönlü bir kavram olarak belirmiştir. Bu yüzden ilk insanlar su, ateş, toprak, büyüklük ve benzeri bütün maddî ve manevî kavramları birbirlerine, güneşe verdikleri tek adla anlatmışlardır. Bu kavramı anlatan ilk ses de Türk dilinin kökü olan ağ sesidir.[97]

Türk dilinin eskiliğini ortaya koyan bu teori, aynı zamanda dünyadaki dillerin de Türk dilinden kaynaklandığını ve Türkçenin bütün dillerin kökü olduğu düşüncesini de işleyen kurultayda aralarında Dr. Kıvergitsch'in de bulunduğu çok sayıda yabancı bilim adamı katılmıştı. Bunlar arasında Prof. Dr. Gies, Prof. Dr. M. J. Deny, D. Ross, Dr. Bombaci, Dr. Bartalini, Prof. Dr. G. Németh, Prof. Dr. M. Zajanczkowski, Prof. Dr. Samoiloviç gibi Türkologlar da bulunuyordu. Kurultayda Genel Sekreterliğe İbrahim Necmi Dilmen seçilmişti. Kurum Başkanı ise ana tüzük gereği yine dönemin Maarif Vekili idi. Bu dönemde Kültür Bakanı Saffet Arıkan bu görevi yürütmüştü.

---

97 Korkmaz, agm., s. 23-24

Teorinin ortaya atılmasından önce başlayan yabancı sözlerin kökenini Türkçeye bağlama düşüncesi, bu teori ile artık bir dayanağa da kavuşmuştu. *Elektrik* sözü tarihî Türkçe metinlerde geçen *yaltırık > yıltırık > ıltırık* 'parlak' ile açıklanıyor, *botanik* sözü *bitki*'ye bağlanıyor, *sosyal* sözünün kökünün *soy*, *termal* sözünün kökünün ise ter olduğu ileri sürülebiliyordu.[98] Abdülkadir İnan yazdığı ders notlarında Slâv dillerindeki kimi sözleri de Güneş-Dil Teorisine göre Türkçeye bağlıyordu.[99] Yer adları üzerine de çalışan H. Reşit Tankut; Sümer, Akat, Frig, Asur gibi eski uygarlıklardan kalan adları da Güneş-Dil Teorisine göre açıklıyordu.

Bilimsel bir değeri olmayan bu açıklamalar ve yayınlar bir süre daha devam etti. Teorinin ortaya atıldığı 1935 yılında 1 kitap yayımlanmıştı. 1936'da ise 17 kitap yayımlanmıştı. 1937'de yayımlanan 4 ve 1938'de yayımlanan 3 kitaptan sonra bu teoriyi işleyen, yayan başka kitap yayımlanmadı.

Niçin Kitap Yazmadım?...

Hüseyin Hilmi Tunahan hazretlerine niçin kitap yazmadığı sorulduğunda şu cevabı vermişti:

"Selefin (bizden evvel gelip geçen âlimlerin) mum ışığında yazdığı bahâ biçilmez hazine misali eserlerin toprağa gömülerek çürüdüğünü, bakkallara satılarak

---
98 Agâh Sırrı Levend, "Dilde Özleşme Hareketinin Tarihçesi", Dil Dâvası, TDK yayını, Ankara, 1952, s439.
99 Abdülkadir İnan, Güneş-Dil Teorisi Üzerine Ders Notları, İstanbul, 1936, ss.57-75

çöplüklerde çiğnendiğini, bir kısmının da kütüphane raflarında tozlanmış ve çürümeye terk edilmiş olduğunu gördüm.

Medreseleri kapanmış, yazısı değiştirilmiş, din ilimleri yok olmaya yüz tutmuş olan bir zamanda, kitap yazmaktansa, yazılan ilmî eserleri anlayarak anlatacak ve ilmi satırdan sadra intikal ettirip yaşatacak talebe yani canlı kitap yetiştirmeyi daha lüzumlu buldum."

"Temellerin Duruşması" Kitabından

1923'te Meclis kürsüsünden Tevfik Rüştü : "Teşkilatı Esasiyemizde dinimiz apaçık yazılmalıdır." deyince "Teşkilatı Esasiyede dinimiz yazılıdır, hangi dini yazdıracaksın? Hıristiyanlığı mı? Denince Mahmut Esad Bey, söz almış : "Evet Hıristiyanlığı. Çünkü İslam terakkiye manidir. Bu dinle yürünmez, mahvoluruz ve bize kimse de ehemmiyet vermez" demiştir. [100]

Daha sonraki yıllarda "Türkiye Devletinin dini İslam'dır" maddesi ve resmi yemindeki dini ibareler Anayasadan çıkarıldı.

"Din yok millet vardır. Dinin yerine milliyetçiliği geçireceğiz" İfadeleri, yazılan ve konuşulan ifadelerdir.

Refik Ahmet: "Allah'ı sultanla birlikte tahtından indirdik, bizim mabetlerimiz fabrikalardır" derken, Tevfik Fik-

---

100 Ahmet kabaklı Temellerin Duruşması s.55-56

ret de: "Şeytan da biziz, cin de. Ne şeytan ne melek var. Türkiye için Ahiret günü olmadığına inanıyorum" demiştir.

Kemalettin Kamu ise:

Ne örümcek ne yosun,
Ne mucize ne füsun,
Kabe Arab'ın olsun,
Bize Çankaya yeter" diye yazmıştır.

Kafatasını Ölçenler

1932 yılında, Türkiye Cumhuriyeti Maarif Vekaleti'nce düzenlenen Birinci Türk Tarih Kongresi'nin ikinci oturumunda, Türk Tarihi Tedkik Cemiyeti azasından ve Musıki Muallim Mektebi Tarih Muallimi Afet [İnan] Hanım, 'Tarihten Evvel ve Tarih Fecrinde' başlıklı tebliğini sunar. Afet Hanım bu tebliğinde, Orta Asya'nın 'otokton' [yerli] halkının Ari ırka mensup Türkler, dillerinin de Türkçe olduğunu öne sürdükten sonra şu tespiti yapar:

Ari ırkın kafatası, brakisefal tip kafatasıdır!

Afet Hanım'dan sonra İstanbul Darülfünunu Tıp Fakültesi Antropoloji Müderris Muavini [doçent] Dr. Şevket Aziz Kansu söz alır. Dr. Kansu'nun, *'büyük şefim'* diye başlayan konuşması (Konferansı Reisicumhur Gazi Mustafa Kemal Paşa da izlemektedir) Afet Hanım'ın tebliği üzerinedir ve özeti, kendi ifadesiyle, şudur: '

Anadolu, brakisefal buğday renkli veyahut beyaz, güzel, bazen mavi gözlü ve kumral bir ırk tarafından iskan edilmiştir. Bu ırk Orta Asya'dan geliyor.'

Dr. Kansu, Türklerin, *'Alp insanı'* olarak adlandırdığı Ari ırktan brakisefal kafatasına sahip olduklarını kanıtlamak için, dikkat edilsin, şunları söylemektedir:

'Keza diyeceğim ki, ilim metodla yapılır. İlim, metodun mahsulüdür. [...] Bendeniz, Anadolu'da gezdiğim zaman ne kadar saf, güzel velut Türk ırkına tesadüf ettim. Aldığım ölçüler, morfolojik karakterler, bu kanaatimi sarsılmaz imana dönüştürdü.'

Dr. Şevket Aziz Kansu, üç gün sonra, bu defa kendi tebliğini sunmak üzere kürsüye çıkacak ve bir önceki konuşmasında sözünü ettiği *'ölçüler ve morfolojik karakterler'*den neyi kastettiğini, *'Türklerin Antropolojisi'* başlıklı tebliğinde açıkça dile getirecektir;- şöyle: (Birinci Türk Tarih Kongresi tutanaklarından):

'1929 senesinde ilk antropolojik tetkiklerime başladığım zaman 25 Türk kadını ve 25 Türk erkeğinin kafasını ölçtüm. Bu ölçülerin vasatisini [ortalamasını] Fransızların kafa ölçüleriyle mukayese etmek istedim.'

Dr. Kansu, bu 'iki etnik grubun sefalometrik [kafatası ölçüleri] mukayesesi'nin sonuçlarını bildirir ve bununla da yetinmez, Türk ırkının 'brakisefal, ince burunlu, vasati ve vasatiden uzun boylu, buğday renkli yahut kumral' Alp tipi'ne mensup olduğunu kanıtlamak için, sahneye bir aileyi de çıkarır. Devamını Dr. Kansu'dan dinleyelim:

'Ankara'nın biraz şimalinde 'Bağlum' köyünden Aptullah'ı, kadınını ve küçük yavrusunu takdim ediyorum. İşte [...] halis dağlı adam, Alp adamı, Türk adamı (Alkışlar). *Aptullah, koyu olmayan gözlere, buğdaydan daha açık kumral bıyıklara ve beyaz bir tene sahiptir. Fakat işte yavruları, saçları altın renkli olan bu yavru Türk ırkına mensuptur* (Alkışlar). *İşte Alp adamı. Orta Asya'dan gelmiş olan adam, bizim ecdadımıza bağlı olan adam* (Alkışlar).

İnsanın havsalası almıyor, değil mi?

İnkılâpçı Kadroda Görev Alanların Büyük Bölümü Masondu.

Cumhuriyetin kuruluş ve yönetim kadrosunda görev alanların büyük bölümü masondu.

Bir bakıma yönetim ve devrimlerin gerçekleştirilmesi Masonlara emanet Edilmiştir. Fethi Okyar, Rauf Orbay, Refet Bele Paşa, Ali İhsan Sabis Paşa, Meclis Başkanı Kazım Özalp Paşa, Meclis Başkanı Abdülhalik Renda, Başbakan Hasan Saka, İçişleri Bakanları Şükrü Kaya ve Mehmet Cemil Ubaydın, Dışişleri Bakanları Bekir Sami Kunduh ve Tevfik Rüştü Aras, Sağlık Bakanları Rıza Nur, Adnan Adıvar, Refik Saydam, Behçet Uz, Milli Eğitim Bakanları Reşit Galip, Hasan Ali Yücel, Ekonomi Bakanı Sırrı Bellioğlu, Milletvekilleri Cevat Abbas, Atıf Bey, Edip Servet Tör, Yunus Nadi, Reşit Saffet Atabinen, Memduh Şevket Esendal, Hilmi Uran, Tevfik Fikret Sılay, Ahmet Ağaoğlu, Ankara Valisi Nevzat Tandoğan ve Belediye Başkanı Süleyman Asaf İlbay, İstanbul Valileri Muittin Üstündağ, Lütfü Kırdar, Danıştay Başkanı Mustafa Reşat Mimaroğlu, Jandarma Genel Komutanı Galip Paşa, İstiklal Mahkemesi Başkanı Necip Ali Küçüka, Amiral Mehmet Ali Paşa ..Cumhuriyet döneminde Dernekler Kanunu gereği Masonluk kurumları birer dernek statüsüne sokulmuştur. 1927 yılında Türkiye Büyük Locasının resmi statüsünü içeren derneğe 'Tekamülü Fikri Cemiyeti' adı verilmiş ve bu ad 1929 yılında 'Türk Yükseltme Cemiyeti' şekline değiştirilmiştir.

1924 ANAYASASI'NIN TEMEL İLKELERİ

Cumhuriyet İlkesi

1924 Anayasası Cumhuriyet ilkesini temel almıştır. Nitekim anayasanın 1. Maddesi "Türkiye Devleti bir Cumhuriyettir" demektedir. Bu hükümle devletin yönetim şeklinin "cumhuriyet rejimi olduğu" belirtilerek, ülkeyi idare edeceklerin ancak seçim yoluyla bu hakkı elde edebilecekleri kabul edilmiştir.

Milli Egemenlik İlkesi

1924 Anayasası 3. Maddesinde "hâkimiyet kayıtsız milletindir" denilmektedir. Bu hükümle anayasa millet egemenliğini kabul etmiştir. Bu hüküm aynı zamanda demokratik bir devlet düzeninin ilk hareket noktası olmuştur. Türk Milleti, egemenliğinin sahibi olduğunu verdiği Millî Mücadele ile bütün dünyaya kabul ettirmiştir. Bu egemenlikte artık hiçbir kişinin veya dini inanç ve kurumun ilişkisi yoktur. Millet egemenliğinin sahibidir. Bu egemenlik Türkiye Büyük Millet Meclisi aracılığıyla kullanılır. Türkiye büyük Millet Meclisi, milletin tek ve gerçek temsilcisi olup millet adına egemenlik hakkını kullanmaya yetkili tek organdır.

Kuvvetlerin Birliği ve Büyük Millet Meclisi'nin Üstünlüğü

1924 Anayasası da "kuvvetler birliği" sistemini kabul etmiştir. Anayasanın 5 nci Maddesi "yasama yetkisi ve yürütme gücü Türkiye Büyük Millet Meclisi'nde belirir ve toplanır" demektedir. Bu anayasada da kuvvetler ayrılığı ilkesi benimsenmemiştir.

Büyük Millet Meclisi'nin üstünlüğü vardır. Meclisin üstünde bir kuvvet yoktur. Bu nedenle meclis ancak kendini fesh edebilir. Türkiye Büyük Millet Meclisi devletin organları içinde en üst organdır. Milletin tek temsilcisidir, yasama yetkisini meclis doğrudan kendisi kullanır. Yürütme yetkisini kendisi tarafından seçilecek bir cumhurbaşkanı ve onun atayacağı bakanlar kurulu aracılığıyla kullanır.

Devletin Temel Nitelikleri

1924 Anayasası'nın 2 nci Maddesi ile; Türkiye Devleti'nin dininin İslâm olduğu, resmi dilinin Türkçe olduğu ve devlet merkezinin Ankara olduğu açıklanmıştır. Cumhuriyetin ilk yıllarından itibaren gerçekleştirilen köklü hamlelerle ve inkılâplarla Türkiye Cumhuriyeti Devleti'nin sosyal ve ekonomik karakteri de ortaya konmuş ve bunlar 1937 de Anayasa'nın 2 nci maddesinde yapılan değişikliklerle anayasaya dahil edilmiştir. Böylece Türkiye Devleti'nin "Cumhuriyetçi, milliyetçi, laik, halkçı, devletçi ve inkılâpçı" bir devlet olduğu anayasayla da belirtilmiştir.

Malatya ve Ankara milletvekili Mustafa İsmet İnönü, 23 Nisan 1920'den 27 Mayıs 1960'a kadar parlamento üyeliği yaparak, en uzun süre TBMM üyeliği yapan parlamenter oldu.

TBMM'nin çıkardığı ilk kanun, 24 Nisan 1920'de kabul edilen, küçükbaş hayvan vergilerine ilişkin Ağnam Resmi Kanunu oldu.

Vatana ihanet suçundan Yeniyapan Köyünden Hasanoğlu Hakkı ve Hasanoğlu Celal hakkında verilen ilk idam kararı, 21 Eylül 1920'de TBMM Genel Kurulunda onaylandı.

TBMM'de 1925'de ilk kez bir milletvekili öldürüldü. Genel Kurulda bütçe görüşmeleri sırasında koridorda tartışan Afyonkarahisar Mebusu Ali Bey, Ardahan Mebusu Halit Paşa'yı silahla öldürdü.

Osmaniye Mebusu ve eski Bahriye Bakanı İhsan Eryavuz ile Bilecik Mebusu Fikret Onuralp, Yüce Divana ilk defa sevk edilen milletvekili oldu.

"Halkoylaması" kavramı, Türk hukuk sistemine ilk kez 1961 Anayasası ile girdi. Bugüne kadar 4 kez yapılan halkoylamasının ilki, 1960 askeri müdahalesinden sonra oluşturulan Kurucu Meclis tarafından hazırlanan yeni anayasa için oldu. İlk halkoylamasında 1961 Anayasası yüzde 38.3'e karşılık yüzde 61.7 ile kabul edildi.

Cumhurbaşkanı Cemal Gürsel tarafından 1963 yılında ilk kez bir kanun veto edilerek, TBMM'ye geri gönderildi. Bu kanun, 10. Dönem milletvekillerinin Ziraat Bankasına olan ana borçlarının 10 yıl faizsiz ve masrafsız takside bağlanmasına ilişkindi.

1946 seçimlerinde hile yapıldığını, hükümetin ve Meclisin meşru olmadığını öne süren Demokrat Parti'liler, TBMM'den çekilerek, siyasi mücadelelerini halkın arasında sürdürmeyi telaffuz etti.

"Sine-i millete dönme" sözünü, 1989 yılında Turgut

Özal'ın cumhurbaşkanı seçilmesini protesto etmek için sadece Hatay Milletvekili Mustafa Murat Sökmenoğlu gerçekleştirdi.

En fazla parti değiştiren milletvekili ise 20. Dönem Afyon Milletvekili Kubilay Uygun. Uygun, 3 yılda 5 parti değiştirerek bir yasama döneminde en fazla parti değiştiren veya farklı partilere girip çıkan ilk milletvekili oldu.

TBMM'ye gelen ilk kadın, TBMM'nin açılış konuşmasını yapacak Mustafa Kemal Paşa'yı balkondan dinleyebilmek için 1 Mart 1923 tarihinde Meclise giren Latife Hanım oldu.

1934'te Genel Kurulda kabul edilen kanunla, Avrupa'da ilk defa Türk kadınına seçme ve seçilme hakkı tanındı. 1935 yılında yapılan genel seçimlerde, 18 kadın milletvekili seçildi.

Genel Kurul kürsüsünden konuşan ilk kadın ise Erzurum Milletvekili Nakiye Elgün oldu. Elgün, 1935'te milletvekili seçilmesinden dolayı duygularını ifade eden bir konuşma yaptı. [101]

İnönü Ve Atatürk'ün Yolları Ayrılmıştı

Ders kitaplarına yansımayan konulardan birisi de Atatürk İle İsmet İnönü'nün arasındaki ihtilaf ve dargınlıklardır. Birçoğu Çankaya'da ve Atatürk'ün sofrasında gerçekleşen bu tartışmalar henüz tam olarak gün yüzüne çıkarılmamıştır.

---

101 Mustafa Köksal. TBMM'nin İlkleri. Nobel Yayınevi

Konuyla ilgili Falih Rıfkı'nın bir anısı şu şekilde:

"Derken başbakan (İnönü) ikinci bir çıkış daha yapıyor:

— Ne oldu paşam size? Eskiden böyle değildiniz. Artık emirlerinizi hep sofradan mı alacağız? Aramıza Kara Tahsinler giriyor. Konuşmamıza meydan vermiyorlar, diyor.

Atatürk gene soğukkanlılığını bozmadan:

— Efendiler anlaşılıyor ki, bugün fazla görüşemeyeceğiz. Siz artık rahatınıza bakın, ben biraz dinleneceğim diyor ve sofrayı bırakıyor.

Vekiller de bir müddet sonra çekilip gidiyorlar.

Ertesi gün Atatürk İstanbul'a hareket etti. Ben de yanında idim. Önce İnönü'yü kompartmanına çağırdı. Kendisine:

— Görev arkadaşlığımız bitmiştir. Ama dostluğumuz devam edecek, dedi. İnönü iki eli ile yüzünü kapadı. Atatürk:

— Dinlenmelisiniz, dedi."[102]

---

102 Falih Rıfkı Atay, Çankaya, İş B. Yay. İstanbul 1969, s 496-497

Menemene Dair

Mustafa Kemal Paşa'nın *'Bugünkü manzaramız aşağı yukarı bir dictature manzarasıdır. ... Ben öldükten sonra arkamda kalacak müessese, bir istibdat müessesesidir. Ben ise millete miras olarak bir istibdat müessesesi bırakmak ve tarihe o suretle geçmek istemiyorum."*

Diyerek kurdurduğu Serbest Fırkaya ilişkin ayrıntılar birbirinden ilginçtir:

Dönemin başbakanı İsmet Paşa'nın, Mustafa Kemal'in de bulunduğu bir ortamda Ali Fethi (Okyar)'a 40-50 milletvekili vermekten söz ettiğinde, Ali Fethi Bey'in bu rakama itiraz ederek 120 milletvekili istemesi ve Mustafa Kemal'in araya girmesiyle 70 rakamında anlaşılmış olması, milletvekillerinin politik düşünce ve anlayışlarının meclis hayatındaki yeri ve belirleyiciliği açısından da son derece manidar. Bu çerçevede, Mustafa Kemal'in Hamdullah Suphi (Tanrıöver)'e 'Sizi bu akşam SCF'ye verecektim. Fakat sonra düşündüm. Sizinle beraber Türk Ocakları'nı da vermiş olacaktım. Buna gönlüm razı olmadı." diyebilmiş olması da bu çerçevede değerlendirilebilir.

Profesör Mete Tunçay, bütün bu tek taraflı kurgulardan ötürü 'güdümlü bir demokrasi deneyi' olarak nitelendirdiği Serbest Fırka girişimi söz konusu olduğunda, Mustafa Kemal'in 'kendi kendisiyle satranç oynar gibi' olduğu duygusuna kapıldığını ifade ediyor:

'Karşı takımın adını koyuyor, taşlarını bir bir seçiyor, kimin nerede oynayacağını belirliyor, programını denetliyor, ilgili yazışmaları (kendisine yazılanları bile) dikte ediyor, parasını veriyor vb. Fakat bütün bunları rastgele yakıştırmalarla yaptığını düşünmek doğru olmaz. Hükümete karşı kimlerin neler düşündüğünü bilmektedir. Yaptığı, onları, kendisinin istediği bir biçimde örgütlemekten, böylece de bütün ülke çapında ortaya çıkan ya da gizli duran karşıt eğilimleri bu odakta toplayarak denetleyebilmekten ibarettir[103]

Diktatörlerine sun'i partiler kurdurup halkın içinde beslenen muhalefeti deşifre etmesi, dünyayı avucuna almaya çalışan İngiliz siyasetinin bilinen bir yöntemidir.

Mustafa Kemal Paşa, bu yöntemden hangi ölçüde yararlanmıştır elbette tartışılır.

Ama tartışmaya hiç gerek görmeyen ilginç görüşler de vardır: [104]

"Menemen Olayı, Kemalist rejimi rayına oturtmak için önceden hazırlanmış bir senaryodur" der. Ve sürdürür: "Zapt-ü rabt altına alınmak istenen toplumun ekonomik sıkıntılarını örtbas etmek için rejim karşıtı bir ayaklanma gerekli görülmüştür. Bu nedenle Menemen ilçesi ve Kubilay bilinçli bir şekilde arbedeye sürüklenmiş, onun şehit edilmesiyle hükümet rejim karşıtlarını denetim altına alarak baskıcı politikasını meşrulaştırmıştır. [105]

Serbest Fırka'nın Üç Aylık Siyasi Hayatı

Serbest Cumhuriyet Fırkası, 12 Ağustos 1930 tarihinde resmi olarak kuruldu. Kısa bir süre sonra da, küçük bir tek-

---
103   Mete Tuncay.Türkiye'de Tek Parti   Yönetiminin Kuruluşu
104   Yalçın Küçük ,Türkiye üzerine tezler 1(1908-1998), Tekin Yayınevi,İstanbul 1989
105   Yalçın Küçük, A.g.e. s.236-237.

nik müdahale ile Ali Fethi (Okyar) milletvekili yapılarak meclise sokuldu. CHF İzmir mutemedi Salih Bey'in 'yeni fırkanın danışıklı dövüş ve blöf olduğunu gazetecilere söylemiş olması gibi gelişmeler nedeniyle Serbest Fırka'nın halk nezdinde inandırıcılığının bir parça zedelenmiş olması mümkün olsa da, Ali Fethi Bey'in (aynı zamanda bu iddiayı yalanlama amacıyla) 5 Eylül'de İzmir'de düzenlediği mitingde 'elli bin kişi gibi görülmemiş bir halk kitlesi[ni] bir araya getirebilmiş olması dikkate değer.

İzmir mitingini sabote etmek isteyenlerin çeşitli provokasyonlarla halkı tahrik ederek CHF binalarının taşlanmasını sağlaması ve ortaya çıkan karışıklığı sona erdirmek isteyen sınırlı sayıdaki polisin halka ateş açarak bir çocuğun ölümüne neden olması, o gün yaşanan talihsiz hadiselerdendi. Ancak ortalığın kan revan içinde kalmasıyla dehşete kapılan Ali Fethi Bey ve arkadaşları o gün bütün bunlardan daha da inanılmaz bir hadise yaşamıştı. Şöyle ki, oğlu miting meydanında kurşunlara hedef olan baba, çocuğunun ölüsünü yerden kaldırıp Ali Fethi Bey'e kadar gelmiş ve çocuğunu göstererek, "Size bir kurban, eğer isterseniz başka kurbanlar da verebiliriz, yeter ki bizi kurtarın!" demişti!

'Halkı CHF'den bu denli bezdiren neydi?', 'Miting meydanında oğlu vurulan bir baba neden evladını CHF rejimine kurban gitmiş gibi hissediyordu?' gibi sorular elbette ayrıca ve derinlemesine ele alınmalı. Ancak bu noktada asıl öne çıkan gerçek, halk nezdinde CHF'ye karşı canından bezmişliğin de ötesine geçen bir bakışın da hakim bulunduğu ve bu çaresizliğin Serbest Fırka'ya olan yönelişi artırdığı olabilir.

Ali Fethi (Okyar) ise, konuyu şöyle değerlendiriyor:

'Belediye seçimlerini aslında katıldığımız her yerde SF kazanmıştı. HF beklenmeyen şekilde yenilmişti. Bunu karşımızdakiler istisnasız biliyordu. Bu şartlar altında yaklaşan genel seçimlerde TBMM'de HF'nin iktidardan düşeceği gün gibi aşikar idi. Neticeler, en çok Gazi üzerinde tesir yapmıştı zannederim[106]

Mustafa Kemal'in konu ile ilgili yorumları da bütün bunları doğrulayıcı mahiyetteydi. Hasan Rıza Soyak, hatıratında şunları aktarıyor:

"Hemen hepsi CHF'nin lehine olarak gelen seçim haberlerini arz ettiğim sırada bana *'Hangi fırka kazanıyor?'* diye sormuş; 'Tabii bizim fırka Paşam' cevabını vermiştim de gülmüş; *'Hayır efendim; hiç de öyle değil!.. Hangi fırkanın kazandığını ben sana söyleyeyim; kazanan İdare Fırkasıdır çocuk!.. Yani Jandarma, polis, nahiye müdürü, kaymakam ve valiler...* bunu bilesin buyurmuştu.[107]

Cemal Kutay da, Mustafa Kemal'in, kendisine heyecanla "Paşam... Fırkamız seçimleri kazandı" diyen Antalya milletvekili Rasim Kaplan'a, "Seçimleri jandarma kazandı." dediğini nakletmektedir. [108]Mete Tunçay da, Ahmet Ağaoğlu'nun 31 Teşrinievvel 1930 tarihli Son Posta gazetesinde yayınlanan 'Milli İrade Bu mudur?' başlıklı yazısında şunları yazdığını aktarmaktadır: "'Behemahal ve her ne olursa olsun kazanılacak' emri harfi harfine tatbik

---

106 . Okyar Fehi üç devirde bir adam.İstanbul tercuman Tarih Yayınları 1980
107 Soyak, Hasan Rıza. 1973. " Atatürk'ten Hatıralar, Cilt II." İstanbul: Yapı Kredi Bankası Yayınları. 436.
108 Bkz.: Kutay, Cemal. 1974. "Bilinmeyen Tarihimiz, Cilt IV." 54.

edildi ve CHF mücadeleden yüzde doksan kazanarak muzaffer çıktı. Şimdi müfettişler, valiler, kaymakamlar, polis ve -jandarma haklı olarak iftihar edebilirler."

Serbest Fırka'nın Kapatılması

Fethi Bey (Okyar) 17 Kasım 1930 tarihinde Dahiliye Vekaleti'ne (içeriği yine Mustafa Kemal tarafından tashih edilen) bir dilekçe vererek Serbest Cumhuriyet Fırkası'nın kapatılmasını talep etti. Fethi Bey, bilmiyoruz; yaklaşık bir ay sonra Menemen'i önce esrarkeşlerin, sonra da esrarkeşleri te'dip için gelen hükümet kuvvetlerinin mezbaha çevireceğini tahmin ettiği için mi savuşmak ihtiyacını duymuştu?

24 Aralık 1930'da vukubulan Kubilay'ın katledilmesi olayı, 12 Ağustos 1930'da danışıklı dövüş için kurdurulan ancak halkın bu oyuna, karşı oyunlarla cevap verdiği sürecin detayları bilinmeden kavranılamaz.

Çerkes Ethem

Avni Özgürel tarihin hassas konularında çok çarpıcı açıklamalar yapar.

Çerkes Ethem, Mustafa Kemal'in Anadolu'da dayandığı askeri gücün sahibiydi; Büyük Millet Meclisi'nin 'Milli Kahraman' unvanı ile onurlandırdığı bir kişiydi. Ancak, Ankara'nın yeni hiyerarşisiyle uyuşamayınca Yunan'a sığındı ve hain ilan edildi

1920 senesinin aralık ayı Milli Mücadele sürecince Ankara'nın, daha doğrusu Mustafa Kemal'in tek güç haline gelişine ifade eder. Oraya gelene kadar geçen birbuçuk yıl zarfında çevrelerinde işgale karşı yerel direnişi ve iç muhalefet odaklarınının bastırılmasını örgütleyen; bu sebeple itibar edilen ama kendilerini 'uç beyi' gibi görmeleri yüzünden merkezi otoritenin etkisini zayıflatan çete reisleri bir bir saf dışı edilmişti.

Tasfiye ve isyan hareketlerinin bastırılmasında başvurulan güç Çerkes Ethem'di. Sonunda düzenli birlikler toparlanıp mücadelenin geleneksel askeri hiyerarşi içinde devam etmesine uygun zemin oluşunca sıra onun sahneden çekilmesine geldi. 9 Aralık 1920'de Ethem'le Ankara arasında ipler koptu.

Ethem, Demirci Mehmet Efe'ye "... Seni, Yörük Ali Efe'yi, beni ve bazılarını her ne şekilde olursa olsun imhaya karar vermişlerdir. (...) Hasılı selametimiz biribirimizle sıkı bir irtibat temin ederek birlikte hareket etmektedir. Kuvvetleriniz arasına katiyen ordunun vereceği kimseyi almayınız..." mealinde bir telgraf çekerek 'bayrak açtı...'

İşgal'in önemi

Bizde ulusal direnişi Anadolu'nun işgali ve buna karşı verilen 'Kurtuluş Savaşı' ekseninde yansıtan bir resmi tarih anlayışı hâkim. Bunun için yeni kuşaklara 'Ankara'nın iç âlemi' yeterince anlatılmış değil. Oysa açık söyleyeyim Milli Mücadele sürecinde 'işgal' tali bir durumdan öte kıymet taşımaz. Hatta Mustafa Kemal 'işgali' ulusal direnişin kenetlenmesi bakımından kullanmıştır demek mümkün.

İstanbul işgal edilmemiş olsa Ankara'da BMM'nin toplanması zorlaşırdı; keza İzmir işgal edilmemiş olsa halkın ulusal direnişe katılımı bu denli güçlü ve erken gerçekleşmeyebilirdi. Bu bakımdan meseleye strateji penceresinden bakan bir kurmay subay olarak işgal Mustafa Kemal'in gözünde hiçbir zaman 'kolay defedilebilecek bir vaka' olmanın ötesine geçmemiş; ya da daha doğru bir ifadeyle Anadolu'da siyasi birliğin, otoritenin sağlanmasından daha önemli olmamıştır.

Nitekim Sakarya Savaşı'na kadar Türk ordusu düşmanla doğru dürüst karşılaşmamıştır. 1. ve 2. İnönü 'savaşları' askeri açıdan düşmanın güç yoklamak amacıyla yaptığı 'keşif taarruzu' dur. Zaten zayiat denilebilecek seviyede bir kayıp da yoktur.

Tarih'in Yağmalanmasına Göz Yumuldu

Fahrettin Altay, Konya'da İkinci Ordu Komutanı olarak bulunduğu sırada çevre düzenlemesi adı altında pek çok ata yadigârı tarihî eserin yıkılmasına göz yumdu. Prof. Dr. Osman Turan Selçuklular zamanında Türkiye Tarihî adlı eserinin 689. sayfasında; "Selçuklularda büyüklerin ve padişahların cesetleri mumyalanarak gömüldüğü için sultanların da naaşları türbenin alt kısmında mumyalı olarak bir arada bulunmaktadır. Fakat ne yazık ki bir kumandan zamanında bu kısım açılmış ve bu cesetleri dağınık bir duruma getirilmiştir." diyerek Selçuklu sultanlarının cesetlerinin yerinden alınarak dağıtıldığını bildirmektedir. İbrahim Hakkı Konyalı da Konya Tarihî adlı eserinin 584–585. sayfalarında Selçuklu sultanlarının cesetlerinin köpekler tarafından parçalandığını görgü şahidi Müzeler ve Kütüphaneler Umum Müfettişi Ahmed Tevhid Beyin ifadesine dayanarak anlatmıştır. Birçok türbe, cami ve mescidin bu dönemde yıkıldığı aynı eserde bildirilmiştir.

Camiler ve Mescitler Satıldı

Camilerin İkinci Dünya Savaşı döneminde buğday ambarına, kışlaya hatta ahıra çevrildiği kulağımıza çalınmıştır da acele düzenlenmiş raporlar, gazete ilanları ve açık artırmalarla haraç mezat satıldığı pek bilinmez.

1924 yılı Şer'iye ve Evkaf Vekâletinin kaldırılıp yerine Evkaf Umum Müdürlüğü'nün kurulması cami ve mescit satışlarının ilk adımının atıldığı yıldır. Vakıflar müdürlüğü 'Tasfiye Komisyonu' oluşturarak vakıf mallarının büyük bölümünü diğer kamu kurumlarına bu yıldan itibaren devretmiş, yapıyı küçültmek ve personel sayısını azaltmak amacıyla hayrat, akar ayrımı yapmadan bütün vakıf mal varlığını satmaya gayret etmiştir. Öyle ki 1927'lere gelindiğinde, üzerinde hiçbir tasarruf yapılmayan tek vakıf eseri olarak cami ve mescitler kalmıştır.

"Camilerin satılışı siyasî bir karardır. Devlet kendi egemenliğinden başka iktisadî ve politik bir güç istememiştir. İkinci Mahmut döneminde başlayan yenileşme ve Batılılaşma çabalarına bir engel gibi görünen dinî çevrelerin politik gücünü ve nüfuzunu kırmak düşüncesi bu kararın sebeplerinden biridir."

Camilerin tasnifiyle ilgili kanunla, beş vakit ibadete açık olmayan, cemaatsiz, görüş zaviyesi kapalı, hasarlı camilerin satılacağı açıklanmıştı. Çıkarılan kanunla birbirine beş yüz metre mesafede olan iki cami ya da mescitten birinin yıkılmasını gerektiren uygulama, en çok da sevimli mahalle mescitlerini vurdu. Prof. Eyice, bu uygulamaya İstanbul'dan şu örneği verir: " Şehzade Camii ile Burmalı Mescit yan yanaydı. İkisinin de cemaati vardı; ama beş yüz metre şartına göre, Şehzade Camii'ne dokunamayacakları için mescidin çatısını kaldırdılar, dört duvar hâlinde bıraktılar. Aslında tamamen yıkacaklardı; ama İstanbul'da bir örneği daha olmayan eşsiz minaresi mescidi kurtardı." Bir müddet âtıl kalan dört duvar, bir marangoz atölyesine kiraya verildi. Mescidin tekrar ihyası ise 1970'lere doğru, vakıflarda mimarlık yapan Cahide Tamer'e nasip olmuş.

Bir örnek de Gaziantep'ten. Alâüddevle Camii ile Boyacı Camii arasını 'Evliya Çelebi usulü' adımlayan Necmettin Şahiner, 470 adımda altı mescidin yok olduğunu tespit etmiş; Kara Yusuf Mescidi, Fırfır Mescidi, Kazancı Mescidi... İçlerinden sadece Çırçır Mescidi, Abdülkadir Aksu'nun Antep'te vali olduğu dönemde ihya edilmiş. "Küçükken mescide yakın otururduk." diyor Şahiner Hoca, "Kanunî devrinden kalma bu mescitte buğday değirmeninin makineleri çalışırdı." Mescitlerin birbirine yakın oluşundaki hikmet neydi? Bir görüşe göre; bastonuyla ağır aksak yürüyen ihtiyarların cemaate yetişmesini kolaylaştırmaktı. Diğeri ise Edirneli şehir tarihçisi Oral Onur'dan geliyor: "Edirne ufak şehir, dört beş kilometre içinde bin yedi yüz caminin çok olduğunu söyleyenler yanılıyor. Onların çoğu mescitti. Mescitler yalnızca ibadet yeri değil, bugünün kültür merkezleri, sosyal yardım kurumlarıydı. Cemaat kendi mahallesinde namazını kılar, fakirler, derdi olanlar soruşturulur, çeşmelerin onarılması konuşulurdu."

Cahil İnsanlar 'Satılsın' Raporu Verdi

Nazif Öztürk'ün vakıflar arşivinde yaptığı araştırmaya göre, 1935 yılından sonra satılacak cami ve mescitlerde Millî Eğitim Bakanlığı mensuplarından rapor alındığını; ancak 1945'lere kadar bu raporları düzenleyenlerin memur ve ilkokul öğretmenleri olduğunu göstermektedir. Kararın her zaman tek kişinin inisiyatifine kaldığı o günlerde yürekleri sızlatan bir başka gerçek ise, Eski Eserler ve Anıtlar Kurulu kararıyla eski eser olduğu tescil edilen birçok cami ve mescidin, gerçeğe aykırı olarak arsa şeklinde tanımlanması... Halkın tepkisinden çekinildiği için olsa gerek, satış ilanlarında, cami ve mescit yerine 'harap vakıf bina' ifadesinin kullanılması tavsiye edilmiş ve yine bu yüzden sapasağlam camiler arsa diye satışa çıkarılmış. Tire'de satılan 44 parça cami ve mescit arsa gibi gösterildiği hâlde satış kararında kullanılan şu ifadeyi neyle açıklamak gerekir: "İbkasında bir fayda görülmediği, tarihî ve mimarî kıymeti haiz olmayan..."

Camilerin Yarısı Satıldı

Dr. Nazif Öztürk, 1926 ile 1972 arasında 494 cami arsası, 722 mescit arsası, 598 cami ve 995 mescit satıldığı. Hayrat satışının en az olduğu şehir bir mescit ile Yozgat, en fazla olduğu şehir ise 386 eserle İstanbul. Ülke genelinde kadro haricine çıkartılan 914 camiden 81'inin satıldığı İstanbul'u 209 satışla Bursa ve 208 satışla Aydın izliyor demektedir.

İlk satılan mescitler Sivas ve İzmir'de ve ilk satılan camilerden biri yine Sivas'ta. Ağrı, Artvin, Batman, Bilecik, Bingöl, Hakkari, Kırıkkale, Şırnak, Uşak ve Van'da ise hayrat satışına rastlanmamış. Urfa'daki 45 camiden 38'i, 1934 yılında açık artırmayla satışa çıkarılmış. Antep 35 camisini ve 42 mescidini kaybetmiş

Vakıflar Genel Müdürü Yusuf Beyazıt, camilere en çok zarar veren iki ismi bilmesini istiyor: İsmet İnönü ve Adnan Menderes... Prof. Semavi Eyice de onu destekler mahiyette konuşuyor: "Menderes döneminde nice ibadethaneler şuursuzca yıkıldı.1950-1972 yılları arasında İstanbul'da geniş caddelere, meydanlara ve yeşil sahalara karışıp giden elliden fazla camiden bahsedilmektedir.

Vakıf Malı Yiyen İflah Olmazmış

Vakıf malı üzerinde oturanlar, asırlar önce edilmiş bir bedduanın tesiri altında olabilir mi? Vakıf malını değiştirene, nakledene, eksiltene ve başka bir hale getirene yönelik bedduaların en esaslısı Kanuni Sultan Süleyman'ın vakfiyesinde olmalı. Okuyanın tüylerini ürperten, kanını donduran cümleler... "...Böylece günahkârlar, alınlarından tutularak cezalandırıldıkları gün Allah onların hesabını görsün. Mâlik onların isteklisi, zebaniler denetçisi ve cehennem nasibi olsun. Zira Allah'ın hesabı hızlıdır. Kim bunu işittikten sonra, onu değiştirirse onun günahı, değiştirenler üzerinedir. [109]

Tarihi belgeleri de sattık

4 HAZİRAN 1931 tarihli SON POSTA gazetesindeki bir haber tarihi belgelerimizi nasıl yok ettiğimizin en çarpıcı yönünü ortaya sermektedir. Gazete haberi şöyleydi:

Son Posta muharriri İbrahim Bey, bütün memleketi, devleti, milleti, ilim alemini şiddetle alakadar eden bu büyük hatayı ve faciayı nasıl ortaya çıkardığını şöyle an-

---
109 Aksiyon 18.02.2007

latmaktadır: "Mayıs'ın 12. Salı günü, Sultanahmet'teki Maliye evrak hazinesinin önünde, 25–30 kadar araba sıralanmış, kapının önüne büyük bir baskül konmuş, birtakım çemberlenmiş kağıtlar tartılıyor ve hamallarla bu arabalara konularak Sirkeci İstasyonu'na taşınıyordu."

Tercümesi

[Büyük âlim] İbni Nüceym'e soruldu ki, kazâ namazı olan kimse, sabah, öğle, ikindi, akşam ve yatsı sünnetlerini, bu namazların kazâlarına niyyet ederek kılsa, sünnetleri terk etmiş olur mu? **Cevâbında** (Sünnetleri) terk etmiş olmaz. Çünkü sünnetleri kılmaktan maksad, o vakit içinde farzdan başka bir namaz daha kılmaktır. Farzdan başka bir namaz daha kılarak şeytanın burnu sürtülmüş, ya'nî insana namaz kıldırmak istemiyen şeytan razı edilmiş olur. **Nevâdir'**de deniyor ki, bu evlâdir ya'nî sünnet yerine kazâ kılmakla sünnet yerine getirilmiş olur. Çok kimse, kazâ kılmayıp sünnet kılıyor. Bunlar azâba müstehak olur, ya'nî Cehenneme gider. Sünnet yerine kazâ kılan azâba müstehak olmaz. Ya'nî Cehennemden kurtulur) buyurdu. (Nevâdir-i Fıkhıyye fî mezheb-il eimmet-il-hanefiyye)

Açıklama

Yukarıdaki yazı, İstanbul'da Süleymâniye kütüphanesi Es'ad Efendi kısmı 1037 numarada ve Yahya Efendi kısmı 1463 numarada kayıtlı **(Nevâdir-i Fıkhıyye fî mezheb-il Eimmet-il Hanefiyye)** isimli kitaptan alınmıştır. Müellifi Kudüs kadısı Muhammed Sâdık efendidir. 1230 (m. 1815)' de vefât etmiştir. Muhammed Sâdık efendi bu fetvâyı Ahmed Hamevî'nin Eşbâh hâşiyesi **Uyûn-ül Besâir'**den nakletmiştir. Ahmed Hamevî mısırda müderris [profesör] olup 1098 [m.1686]da vefât etmiştir. Yazıda adı geçen **(Nevâdir)** kitabı Şemsü'l-Eimme Hulvânî'nin eseridir. Bu zât Hanefî fıkıh âlimidir. Muhammed Şeybânî'nin **(el-Câmiu'l-kebîr)** ve **(Es-Siyer"ül-Kebîr)**ini şerh etmiş, **(en-Nevâdir)**, **(el-Mabsût)**, **(el-Vâkı'at)** ve başka kitapları vardır. Kitapta suâl sorulan İbn-i Nüceym hazretleri, Hanefî fıkıh âlimidir. **(el-Eşbâh ve'n-Nezâir)**, **(Zeyniyye)**, **(Kebâir)** kitapları ve usûl-i fıkıhtan **(Menâr)** şerhi meşhûrdur. 970'de vefât etmiştir.

Hamza Efendi hazretlerinin **(Bey' ve Şirâ)** risâlesinin şerhinde, (Yolculuğa çıkmadan önce iki rek'at namaz kılmalıdır. Kazâya kalmış namazı kazâ etmelidir). Çünkü kazâ borcu var iken, nâfile kılmak ahmaklıktır) buyuruluyor. (s.6) [Orjinali yandadır.]

"Bu taşıma sırasında, bunlardan birçokları da, sokaklara dökülüp saçılıyordu. Bu binanın önünden, Sultanahmet tramvay mevkiine kadar olan yol, birçok vesikalarla dolmuş ve örtülmüştü."

Yerdeki kâğıtları inceleyen muharrir İbrahim Bey, vaziyetin ciddiyetini anlayarak kâğıtların tartılmasına nezaret eden görevliye müracaat edip içeri girmiş ve şu manzara ile karşılaşmıştır: "Uzun koridor harman halinde dökülmüş kâğıtlarla dolu idi. Çemberleniyorlardı. Arkada yüzlerce torba kâğıt yığılmıştı. O suretle ki, içeri girmek mümkün değildi. Bu kısımda tasnif edilmiş birçok kıymetli vesikalar, defterler göze çarpıyordu."

"Burasını gözden geçirdikten sonra, sıra aşağı kata geldi. Buradan lalettayin aldığım kâğıtların içinde, altın yaldızlı mecmua parçaları, Silistre, Varna, Tuna vilayetlerine ait kalelerin tamirine, zeamet, tımar vesikalarına, ulufenamelere, mutfak masraflarına, vakıflara ait birçok tarihî mülknamelere rastlamak mümkündü." "Bu gördüklerimi Tarih Encümeni azasından Muallim Cevdet Bey'e anlattım." "Cevdet Bey, hemen faaliyete geçerek sokak çocuklarından 12 kadar vesika toplamış. Bunun için 20 kuruş vermiş. Bu vesikalardan bazıları şunlardır: Hicrî 1096, 1099, 1101 senelerindeki Viyana seferlerine ait ordunun masraf defterleri; İstanbul'u fetheden ordunun kumandanlarından Gazi Davud Paşa'nın imaretine ait bir vesika; Gazi Mihal evladına ait Plevne'de bir köy tapusu; Niş Kalesi'nde yerli süvari ve piyade teşkilatına ait bir vesika; meşhur şair Şeyh Galib'in evladına III. Sultan Selim tarafından verilmiş bir ferman."

Cevdet Bey'in mesele ile ilgili yorumu şöyledir: "Bu gibi vesikalar satılırken her medenî memlekette tek bir usul vardır. Müze, tarih cemiyetleri encümenleri iş başına çağrılır, tetkik yaptırılır ve bir karar verilir. Bizde böyle yapılmamıştır. Bu emri Maliye Vekaleti Levazım Şubesi vermiştir ve mesuliyet onlara aittir. Asırlardan beri saklanan bu vesikaların bugün satılması iktisadî bir zaruret miydi?"

"Zaruret miydi," ne dersiniz?

Tarih Kitabında ki Cinayetler

Cumhuriyetin ilk yıllarında Liselerde okutulan Tarih ders kitaplarında İslam tarihine ve peygamberimize korkunç derecede saldırlar vardı. İstanbul Devlet matbaasında basılan ve "Maarif Vekaleti Yayınları" patenti ile çıkan kitaplardan birkaç satır.

"Muhammed'in koyduğu esasların toplu olduğu kitaba Kuran denir. Bu esasları ihtiva eden cümlelere Ayet, Ayetlerden mürekkep parçalara da Sure derler. İslam an'anesinde, bu ayetlerin Muhammed'e Cebrail adında bir melek vasıtası ile Allah tarafından vahiy, yani ilham edildiği kabul olunur..." Sayfa 90

Muhammed te Mekke'den kalkıp Medine'ye kaçtı. Buna Hicret denildi.

Hiçbir İslami anlatımda rastlanmayacağı gibi, bir Müslüman tarafından yazılmış hiçbir tarih kitabında, Muhammed'in, Mekke'den Medine'ye kaçışı için, kaçtı ifadesi kesinlikle kullanılmamıştır...

Muhammed birdenbire Allah'ın Resulüyüm diye ortaya çıkmamıştır. O, Arapların ahlak ve adetlerinin pek fena ve pek iptidai ve ıslaha muhtaç olduğunu anlamış, bunları ıslah için tenha yerlere çekilerek senelerce düşünmüş ve yıllarca tefekkürden sonra kendisinde vahiy ve ilham fikri doğmuştur...

Yüksek Öğretim ve Yabancılar

Yüksek öğretimde kökten değişimi sağlamak amacıyla 1931'de toplanan Cumhuriyet Halk Partisi, Darülfünun'da reform yapılmasını öngören bir karar almıştı. Bunun için de Maarif Vekaleti, bir rapor hazırlamak üzere İsviçre'den Profesör Albert Malche'ı çağırmıştır. Malche, 4 aylık bir çalışma ve temaslar sonucunda hazırladığı raporunu Maarif Vekaleti'ne sunmuştur.

Malche, raporunda, Darülfünun'un yasal durumu, öğretim kadrosu, öğrenci istatistikleri, profesörlerin atanması, fakülteler ve enstitüler, öğretim plan, program ve sınavları, dersler ve konferanslar, kitaplar ve yabancı diller vb. konularda yorum ve önerilerde bulunmuş ve raporunun sonuç kısmında, "Darülfünun meselesi esas itibariyle Türkiye'nin fikri, manevi hatta içtimai istikbali meselesidir" (Malche.1939.58) demiştir.

31 Mayıs 1933'de kabul edilen 2252 sayılı kanunla Darülfünun kapatılmış ve 31 ağustos 1933'de İstanbul Üniversitesi adıyla yeni bir kimlikle açılmıştır. Bu açılış bazı Avrupa dergi ve gazetelerinde de yankı bulmuştur.

Dönemin Maarif Vekili Reşit Galip Bey, kurulan üniversitenin Darülfünun ile hiçbir ilişkisinin olmadığını belirtmiştir. Üniversitenin ilk rektörü olarak da prof. Cemil Bilsel atanmıştır.

Aynı yıl, Nazi Almanya'sı, Yahudi asıllı veya Nazi iktidarı karşıtı fikirlere sahip olan bilim insanlarını üniversitelerden kovmuştur. İşte bu bilim adamlarının bir kısmı Türkiye'deki diğer üniversitelerde ve 40 kadarı da İstanbul Üniversitesi'nde görev almıştır. Bunların bir kısmı daha sonra İ.Ü. İktisat Fakültesi'nin kuruluşunda rol almıştır.

İktisat Ordinaryüslüğü (Prof. Şükrü Baban, Neumark, Röpke), 1 Maliye ve İstatistik Ordinaryüslüğü (Prof. İ.Fazıl Pelin), 1 Sosyoloji ve Sosyal-Siyasal Profesörlüğü (Prof. Kessler), 1 İktisat Tarihi ve İktisat Coğrafyası Ordinaryüslüğü (Prof. Rüstow), 1 İstatistik ve Maliye için ayrıca bir Profesörlük (Prof. Ömer Celal Sarç) yapmışlardır.

Fakültenin açılış töreninde Dekan Prof. Dr. Ömer Celal Sarç'ın konuşmasındaki bazı ifadeler de şöyledir:

"...Yeni fakülteye memleketimizin ekonomik inkişafını hazırlamak hususunda çok mühim vazifeler düşmektedir. İktisat Fakültesi daha işlenmemiş bunca iktisadi meselelerimiz hakkında araştırmalar yapıp Türkiye'nin realitelerini ilmen tespite çalışacaktır. Bir gün Devletin sanayi işletmelerinin başına geçmeğe veya ticarethaneler, fabrikalar idare etmeğe namzet, genç Türk İktisatçılarını yetiştirecektir. Ayrıca da istikbalin Türk iktisat profesör ve alimlerini hazırlayacaktır..." [110]

---

110 Başgöz, İlhan ve Wilson, Howard E.(1968):Türkiye Cumhuriyeti'nde Eğitim ve Atatürk Ankara.Dost Yayınları

Kemalizm Nedir Moiz Kohen Kimdir?

29 Mayıs–3 Haziran 1939 tarihleri arasında toplanan CHP V. Büyük Kurultayında, parti programı görüşülürken, hâzirûndan Kazım Nami Duru, kemalizmin yeterince bilinmemesinden şikâyet eder:*'Kemalizm Nedir? Görüyorum ki birçok yerlerde Kemalizmin ne olduğunu bilenler yoktur. Hatta parti arkadaşlarımız arasında partimizin, Türkün amentüsü sayarak onu okumuş, hazmetmiş ve ona göre hareketi kendisine prensip ittihaz etmiş olanlar azdır. Mateessüf arkadaşlar, bunun üzerine hiç kitap yazılmamıştır. Yalnız bir kitap yazılmıştır. Onu yazan da Tekin Alp isminde bir Musevi vatandaşımızdır.'*

Moiz Kohen, 1883 yılında fakir bir Musevi babanın, İshak Kohen'in dokuzuncu ve sonuncu çocuğu olarak Serez'de doğar. Tahsil çağında Osmanlı'nın kozmopolit baş kentlerinden Selanik'e gelir.Burada hem Alliance (..Israelite Universelle) hem de Haham okuluna devam eder. Alyans diplomasi ve bu okulda edindiği ve daha sonra entelektüel ve ticari uğraşılarında çok faydasını göreceği Fransızca Moiz Efendi Kohen'e ayrıcalık sağlar. Yüksek okulu Selanik ve İstanbul Hukuk mekteplerinde tamamlar.[111] Önceleri Osmanlıcılık fikrini savunmuş, İttihatçılarla dirsek temasında olmuş, dönemin dergi ve gazetelerinde yazmış. Ziya Gökalp'in akıl hocalığını yapmıştır. Müstear isim olarak Tekin Alp ismini kullanmıştır. Onun cumhuriyetin kuruluşu ve inkılâpların yerleştirilme yıllarında ortaya attığı fikirleri dönemin hangi şartlarla şekillendiğinin en çarpıcı örneklerindendir.

Tekin Alp ve Laiklik

Aşağıdaki satırda T.Alp milliyetçiliği ümmet çağını takip eden asrın gerçekliği olarak

Takdim eder: 'Kamâl Atatürk islamiyet rabıtasının artık öldüğünü, Türk milleti için, milli şuurun uyanmasından başka kurtuluş yolu olmadığını çok iyi biliyordu' [112]Laikliğin milliyetçi yönünün yanı sıra medeni yönü de önem arz etmiştir. Her iki yön Türk inkılâbının medeniyetçi tasarımında salt siyasi değil kültürel alanı kuşatan kültürcü bir siyasete dönüşmüş ve laiklik bu siyasetin temel referansı olarak alan genişletmiştir. Başka bir ifadeyle Türkiye Cumhuriyetin erken döneminde laik politikalar sadece devleti değil toplum, sokak ve sembolleri hedef almıştır. Tekin Alp için manevi İstiklal harbinin niçin gerekli olduğu sokak manzaralarından anlaşılabilirdi:

---

111 Mehmed Özden, Atatürk Döneminde Kemalist Metinler: A'râfda Bir Kemalizm: Tekin Alp ve Kemalizm (1936)
112 ALP, Tekin Kemalizm, İstanbul: Cumhuriyet matbaası. S,97, 1936

'Sokaklarda dolaşıp duran şu milyonlarca kırmızı külahın, şu köhne fesin karşısında nasıl göz yumulabilirdi? Bu feslerin sembolik bir manası yok muydu? Bu fesler kendilerine acaib birer serpuş vazifesi gördükleri başların, garblı insanların başlarına benzemediğini anlatmıyorlar mı idi? Bütün Türk kadınlarının gözlerini ve yüzlerini örten bu kalın ve siyah örtüler ne demekti? Milyonlarca kadının güzel ve zayıf cinse, başka yerlerde, içtimai vazifesi neşe, şetaret ve cemiyet içinde yaşamak zevki vermek olan bir cinse mensub oldukları için, arkasında kapalı kaldıkları bu kafeslerin ne manası vardı? Ya Anadolu'nun büyük küçük her şehrinde tesadüf edilen o binlerce sarık, içinde yüzlerce işsiz, güçsüzün, bağdaş kurup cennetin nimetlerini tahayyül ettikleri, binlerce meczubun döndüğü şu tekkeler, bütün bunlar, Türk milletinin mukadderatında hiçbir değişiklik olmadığını gösteren şeyler değil miydi?'[113]

113 Alp 1936:50-51

Din yerine Milliyetçilik

Türkçülükle Kemalizm Arasında Tekin Alp ve Atatürk Kültü 'Ziya Gökalp'in Türkçülüğü-tabir maruz görülsün- bir nevi teslisden ibaretti. Düsturu şu idi:'Türk milletine, İslam ümmetine, Avrupa medeniyetine mensubum.' Yani Türkün milli vicdanını asırlarca müddet boyunduruk ve esaret altında tutan şeriat zihniyeti hâlâ vaziyetini muhafaza ediyor, henüz uyanan Türk milli vicdanını, rüşeym halinde iken, ilk fırsatta boğmağa hazır duruyordu. (..) ***Muhitin ve o devirdeki ahvâl ve şerâitin Ziya Gökalp Türkçülüğüne tahmil ettiği bu üç manevi kuvvet arasındaki zıddiyet ilk aksülâmel hareketi ile patlak vermekte gecikmeyecekti ve hiç şüphe yok ki, şeriat devi, bu zayıf ve narin vücutlu iki nevzadı, bir lâhza içinde yutacaktı***'[114]

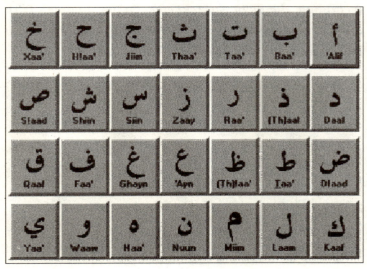

[114] Alp 1936:5-6

Bu satırlar, Tekin Alp'in, Gökalp'çi formülasyonunu, İslamlaşmak ilkesine konjonktürel ve dolayısıyla geçici bir değer muamelesi yaparak, Kemalizm'e uyarlar. Keza aynı satırlar, onun Türk inkılâbını din-laiklik üzerinden yorumladığının işaretlerini taşır. Nitekim Atatürk'den bahsederken isim tercihini, İslâmî çağrışımlara sahip Mustafa Kemal yerine Kamâl Atatürk'den yana yapmaktadır. Laiklik salt tek tek bireylerin dinle ilişkilerinin hafiflemesi değil, Türkiye cumhuriyetindeki bütün Türklerin milliyetlerini perdeleyen dini örtünün kaldırılması anlamında milli bir siyasettir. Kendi ifadesiyle *'yeni Türk, ancak bir tek manevi kuvvete itaat etmektedir: Milliyet aşkı'* [115]Milliyet aşkı yeni bir keşifdir; çünkü Türklerin İslamlaşma süreci onların Araplaşmasını dolayısıyla milli bilincin gecikmesini içermişti. Bu iddia eski Türkçülüğün temalarından biriydi. Türk inkılâbı laiklik etrafında geçmişe dönük eleştirel bir ideoloji oluştururken bu tezleri hazır bulmuş ve sertleştirmişti. Tekin Alp Türkçülüğün Kemalizm'de yeniden yorumlanmasını aktarır: *'Türk milletii, İslamiyet'i kabul ettiğinden beri, yavaş yavaş kendi kültürünü kaybetmiş, Peygamber'in ve Kuran'ın kültürünü benimsemişti. Din kitapları yoluyla nüfuz eden Arab kültürü ve Arap edebiyatı dili ile beraber, tabiatıyla Arab alfabesini de almıştı. Türk milletini, modern telakkilerden uzak bırakan esaslı âmillerden biri budur'*[116]

---

115 Alp 1936:31
116 Alp 1936 :109

Yeni Tanrı

Laiklik Türk kimliğinin üzerindeki İslami örtünün, Arap –Fars etkisinin kaldırılmasını sağlayacak milli bir siyasettir. Kemalizm müellifinin Soyadı kanunu vesilesiyle yazdıkları

Laik milliyetçilik açısından oldukça verimlidir: *'Artık 1935'teyiz. On iki senelik bir müddet zarfında, yeni Türk, kendine yeni bir ruh, yeni bir ahlak, yeni bir tarih, hatta, Allah'ı artık Tanrı diye andığı için, diyebilirim ki yeni bir Allah yaratmıştır. Türk'ün şimdi kafası başka, serpuşu başka, alfabesi başkadır. Onun şimdi, başka bir devleti, başka bir ekonomisi ve nihayet, başka bir dili vardır. Fakat başka bir şey daha vardır ki görünürde ehemmiyetsiz olmakla beraber, bu istihalelerle yakışık almıyordu. Yeni Türk, hala teokrat olduğu zamana aid şarklı ve maziye râci ismi taşıyordu. Bu ismi Arabların Acemlerin ve*

bütün öteki din kardeşlerinin taşıdığı isimlerin aynı idi. Yeni kafası, yeni kültürü, yeni ruhu, binlerce senelik milli tarihe doğru ilerleyerek ırk ve kan kardeşlerine ulaşıyor, hâlbuki ismi, onu, binlerce sene-lik milli tarihine ve garb medeniyetine erişmek için kültür bakımından kendilerinden ayrıldığı Müslüman milletler ailesine karıştırıyordu'[117]

Yeni Tarih Anlayışımız

Türk Tarih tezi ve bu bağlamda T. Alp için belirtilmesi gereken, Avrupa ırkçılığın ithamlarına cevap vermek için o ırkçılığın epistemolojisinin, bu çerçevede medeniliği ırk bağımlı bir sabitlik olarak görmenin sahiplenildiğidir. Türk Tarih Tezinin pozitif ırkçılığı, Tekin Alp tarafından 'Alpli veya brachycephale, uzun boylu, mavi gözlü' eski ve saf Türklerin unutulmuş ve fakat şimdi keşfedilmiş rolleri bol örneklerle teyit edilir: *'Türk'lerin, miladdan 4000 yıl önce, Anadolu'da Hitit medeniyetini kurdukları da yeni asarı atika keşfiyatıyle sabit olmuştur. ...Garbe doğru ilerleyen Türk kitlelerinin bir kısmı, bidayeti, milattan 4000 yıl evvele irca edilebilen ve zamanla inkişaf ederek, tarihe Trua, Girid, lidya ve İoniya adile maruf kültür merkezlerini vücuda getiren Ege medeniyetini yaratmıştır... Yunan-Latin medeniyetini yaratan Etrüsklerin, Anadolu'dan geldikleri bugün sabit olmuştur'*[118]

Atatürk 'Türk tarihinin Osman aşireti ile doğma-

---

117 Alp 1936: 171
118 Alp 1936: 144-145

yıp belki milattan on ikibinyıl önce mevcut olduğunu, Türk'lerden başlayarak bütün dünyaya Öğretmenin zamanı çoktan gelmiştir' diye düşündü. Artık Türk'ler ve bütün dünya bilmelidir ki, bu tarih, 400 çadırlık bir aşiretin değil, yüz milyonlarca nüfusluk büyük bir milletin tarihidir. Osmanlı Türk'lerinin menkıbeleri, Türk milletinin tarihinde ancak bir devreyi gösterir ve bu millet, her biri ayrı ayrı azamet ve ihtişam devirleri yaşamış olan daha birçok İmparatorluklar kurmuştur. Türk'ün, Moğol veya Mongoloid ırkına değil, Alplı veya brachycephale ırkına mensup olduğunun öğrenilmesi zamanı gelmiştir'[119]

Türk Olmak Demek

Tekin Alp'in Türkiye Cumhuriyetinde azınlıkların durumuna ilişkin fikirleri de, onun bir Musevi-Türk olarak oluşturduğu kendi kimlik tarihiyle tutarlı görüşlerdir. Lozan antlaşmasının Türkiye'de sâkin ekalliyetlere verdiği hakları, o azılıkların Türklerle kaynaşmasına engel oluşturacağı gerekçesiyle karşı çıkar. Bu Kemalizm öncesinde bu unsurları ayıran su sızmaz bölmelerin devamı demektir ve kabul edilemez. Eski miras yüzünden daha henüz Rum, Ermeni ve Yahudilerin Türkleşmediğini mamafih iki kuşak sonra bunun gerçekleşeceğini belirtir. Azınlıklar için Türk olmak Türk kültürünü benimsemek demektir: **'Türk milli kültürünü almak, Kürd, Laz, Ermeni veya Yahudi aslını unutmak demek değildir**'[120] Bu cümle T.Alp'in yurttaşlık bağlarından öte kültürel bir şartı da Türk olmaya dahil ettiğini göstermektedir.

---

119 Alp 1936 :133
120 Alp1936.319

Demokrasi Değil Totalirizm

Garb demokrasilerinin 'millet marifetile ve millet için' prensibinde Tekin Alp kusurlar bulur.

Bu kusurlar aşağıdaki satırlardan anlaşılacağı üzere, şefe yer açmak için demokrasiden fedakârlığı içeren bir boyuta taşınır: *'Millet için idare-i hükümet edilişini anlarız, fakat millet marifetile idare nasıl olur? Bugün, hiç kimse milli hâkimiyet prensibini inkâr etmemektedir. Fakat bu hâkimiyeti nasıl kullanmalı? Milletin emelini nasıl keşfetmeli ve nasıl anlamalı? Halk kitleleri şekilsiz ve şuursuz değil midir? (..) Harbde, harekâtı idare, ona kumanda eden, ordu, yani asker kitlesi mi, yoksa erkânı harbiye zabitleri midir? Mademki her şeyde vücudu idare eden baştır, bütün bir milletin mukadderatının mevzuu bahs olduğu siyaset işinde niçin böyle olmasın?'* [121]

T.Alp demokratik objektivizme karşı şefçi subjektivizmi ileri sürer ve bu amaçla militarizmden ve organik sosyolojiden başka sıcak çağrışımları olan yerli bir ataerkillikten de yararlanır: 'Yeni Türk'ün temsil ettiği insan tipinin, Atatürk'ün yarattığı hususi bir tip olduğu inkâr kabul etmez bir hakikattır. Bir evladın, babası tarafından yetiştirilmesi tabii bir hal değil midir? Babasından aldığı terbiyeyi bir yük, şahsi hürriyetine bir tecavüz telakki edecek hangi evlat vardır?' [122]

---
121 Alp 1936 :72-73
122 Alp 1936:75

Almanlar ve İnkılâplar

İkinci Dünya Savaşı öncesinde ve sırasında, Nazilerden kaçan pek çok Alman bilim adamı, 1933 yılından itibaren Türkiye'ye sığınmış ve özelikle üniversitelerimizin yapılanması, sanat ve kültür hayatımızın batılı normlara uygun olarak canlandırılması, başlıca sanayi tesislerinin kurulması ve şehircilik ve belediyecilik gibi alanlarda değerli katkılar sağlamışlardır. Bu dönemde tıp, mühendislik gibi birçok alanda Alman teknolojisi Türkiye'ye girmiştir. Türkiye başta hukuk olmak üzere Alman literatürüyle tanışmıştır. Almanca dili Türk aydınları arasında yaygınlaşmıştır. Alman sanat adamları, Türkiye'de tiyatro ve operanın kurulmasında da etkili rol oynamışlardır.

Tercüme Kanunlar

Modern hukuk sistemine ulaşmanın bir gereği olarak, özellikle 1926 yılından itibaren, büyük yenilik hareketleri yapılmaya başlanmıştır. Bu alanda Avrupa ülkelerinden bir çok kanun metni tercüme edilerek, Türk toplumunda uygulamağa konulmuştur.

Medeni Kanun : İsviçre'de 1907 yılında hazırlanan ve 1912 yılında yürürlüğe giren kanundan alınarak 17 Şubat 1926 tarihinde kabul edilmiştir.

Ceza Kanunu : 1889 tarihli İtalyan ceza kanunundan alınarak 1 Mart 1926 tarihinde kabul edilmiştir.

Ticaret Kanunu : Alman ve İtalyan kanun ve eserlerinden yararlanılarak hazırlanan kara ticareti ile ilgili kısım 29 Mayıs 1926'da deniz ticaretiyle ilgili kısım ise 15 Mayıs 1929'da yürürlüğe girmiştir.

İcra ve İflas Kanunu : 24 Nisan 1929 yılında İsviçre'den alınmış ancak faydalı olmaması neticesinde 30 Haziran 1932'de yeniden düzenlenerek kabul edilmiştir.

Lozan'da Hangi Taahhütlerde Bulunduk?

Türk Medeni Hukuku'nun Kabulünün 70. Yılı" panelinde İsviçreli hukuk profesörü Pierre Tercier şunları söylemiştir:

"Medeni Kanun ile Borçlar Kanunu esas itibarıyla İsviçre Medeni Kanunu ve Borçlar Kanunu'nun ilk iki kitabının çevirisidirler. Böyle yabancı bir mevzuatın toplu resepsiyonu (kül olarak alınması) durumlarının en şaşırtıcılarından biri gerçekleşmiş oluyordu."

Birincisi, çeviridirler ve yeni bir hukuk sistemi yoktur ortada. İkincisi de devrimle alakaları bulunmamaktadır. Bir "reception", yani olduğu gibi alma olayı vardır. Hatta Lilo Linke'nin "Allah Dethroned" (1937) adlı kitabında dediği gibi bir "evlatlık alma" (adoption) kararı bile denilebilir "hukuk devrimimiz" için.

"Türk hukuk devrimi" denilen ve 1928'e kadar devam eden Avrupa'nın çeşitli ülkelerinin kanunlarının çeviri veya uyarlama yoluyla "evlatlık alınması" sürecinin bizzat Lozan'da taahhüt altına alındığı genellikle gözden kaçırılır. 'Lozan'da hangi taahhütlerde bulunduk?' diye soranlar Lozan Antlaşması'nın arkasına eklenen "Yargı yöntemine ilişkin bildiri"yi okusunlar, yeter. İsmet İnönü, Rıza Nur ve Hasan Saka'nın imzalarını taşıyan bildiride "TBMM hükümeti, göreneklerde ve uygarlıktaki gelişmenin haklı göstereceği bütün reformları gerçekleştirmek için araştırma ve incelemelere girişmeğe hazırdır." denilmekte ve şöyle devam edilmektedir:

"Türk hükümeti, beş yıldan az olmamak üzere gerekli göreceği bir süre için hizmetine derhal Avrupalı hukuk danışmanları almak niyetindedir; bu danışmanları Tük hükümeti, 1914-1918 savaşına katılmamış ülkelerin uyrukları arasından Milletlerarası Adalet Divanı'nca düzenlenmiş bir çizelgeden seçecek ve bunlar Türk memurları olacaklardır."

Bu mu bağımsızlık? Neyi taahhüt ettiğimize bir bakalım:

1) **Hükümet en az 5 yıl süreyle**, 2) **"Derhal"**, 3) **Avrupalı hukuk danışmanlarını hizmetine alacak**, 4) **Yalnız bunlar savaşa katılmamış tarafsız ülkelerden seçilecek ve**, 5) **Milletlerarası Adalet Divanı'nın belirlediği bir listeden sadece 'seçme hakkı' bizde olacak**, 6) **Türk gibi muamele görecek, yani devlet memuru olacaklar ve maaşlarını biz ödeyeceğiz.**

Bildirinin 2. maddesi ise büsbütün şaşırtıcıdır. Bu bir kısmı İsviçreli, Alman ve İspanyol tabiyetli danışmanlar İstanbul ve İzmir'de görev yapacak, hukuk reformları komisyonunun çalışmalarına katılacak, Türk hukuk, ticaret ve ceza mahkemelerinin işleyişini izleyecek, gerek gördüklerinde adalet bakanına rapor gönderecek, gerek mahkemelerin yönetimi, gerekse ceza ve kanunların uygulanması yüzünden doğabilecek şikâyetlere bakacaklardır.

Bu 'gölge adalet bakanları'na, konutların aranması,

araştırmaların ve tutuklamaların yol açabileceği şikâyetlere bile bakma hakkı tanınmıştır. Dahası, İstanbul ve İzmir'deki arama ve tutuklamalar (bunların azınlıklar ve İngilizler, Fransızlar gibi ecnebiler olduğunu anlamak için arif olmaya gerek yok) gerçekleşir gerçekleşmez "gecikmeden" bu hukuk danışmanlarına bildirilecek, o kişiyi tutuklayan yargıç, yabancı danışmanlarla bakanlığa başvurmadan doğrudan doğruya muhatap olacaktır.

Lozan'dan sonraki "devrimler"in kronolojisine baktığınızda bu yabancı danışmanların nasıl arı gibi çalıştıklarını görürsünüz. Bilal Şimşir'in ifadesiyle söylersek:

"**Böylece Lozan Antlaşması'nın imzalanmasından sonraki ilk beş yıl içinde Türkiye'nin laikleşmesi tamamlanmış oldu. Bu "beş yıl"**, Lozan'da, Türkiye'ye **"danışman" olarak kabul edilen yabancı hukukçuların görev süresine denk düşmektedir. Hukuk sistemini laikleştirince yabancı hukukçuların görev sürelerini uzatmaya artık gerek kalmamıştır."**

1923-1928 arasında tıkır tıkır maaşlarını ödediğimiz danışmanların tam beş yılın dolduğu tarihte gitmiş olmaları ve bu tarihte bütün hukuk sistemimizin değişmesi bir tesadüf olabilir mi acaba? [123]

Türkçe İbadet Uygulaması Takvimi

ARALIK 1931- Mustafa Kemal Paşa'nın emriyle dokuz ünlü hafız, Dolmabahçe Sarayı'nda ezanın ve hutbenin Türkçeleştirilmesi çalışmalarına başladı.

---

123 Mustafa Armağan 17 Şubat 2008 Zaman

10 Ocak 1932- Türkçe ezan için konservatuvar üyesi İhsan Bey'in yaptığı bestenin kısa zamanda öğretilemeyeceği anlaşıldığından, geçici olarak ezanın asli şekliyle okunmasına izin verildi.

22 Ocak 1932- Kuran'ın Türkçe tercümesi ilk kez İstanbul'da Yerebatan Camii'nde Hafız Yaşar (Okur) tarafından okundu.

29 Ocak 1932- Sultanahmet Camii'nde sekiz hafız tarafından Türkçe Kuran okundu.

30 Ocak 1932- İlk Türkçe ezan Hafız Rifat Bey tarafından Fatih Camii'nde okundu.

3 Şubat 1932- Kadir Gecesi'nde Ayasofya Camii'nde halkın büyük ilgisiyle Türkçe Kuran, tekbir ve kamet okundu.

5 Şubat 1932- İstanbul Süleymaniye Camii'nde ilk Türkçe hutbe okundu.

18 Temmuz 1932- Diyanet İşleri Riyaseti, ezanın Türkçe okunmasına karar verdi.

26 Eylül 1932- Yurdun her yerindeki Evkaf Müdürlüklerine Türkçe ezan metni gönderildi.

4 Şubat 1933- Müftülüklere ezanı Türkçe okumalarını, buna uymayanların 'kati ve şedid bir şekilde' cezalandırılacaklarını bildiren bir tamim gönderildi.

16 Haziran 1950- Ezanın Arapça okunması yasağı kaldırıldı.

Yeni Din

Ders kitaplarının yazmadığı öyle gerçekler var ki genç kuşaklar bunları okudukça "Olamaz! Bunlarda mı yapıldı?" diyeceklerdir. O dönemde yayınlanan Edirne Mebusu Mehmed Şeref (Aykut)'a ait "Kamalizm" isimli kitabının 3. sayfasında "yeni din"in "temel kaidesi" şöyle açıklanıyordu:

"Kamalizm... yalnız yaşamak dinini aşılayan ve bütün prensipleri ekonomik temeller üzerine kuran bir dindir."

"Yeni dine" elbette "yeni kıble" lâzımdı. Dilin kemiği yok ya, bunu da Kemalettin Kamu isimli şair uydurdu: "Ne örümcek, ne yosun/ Ne mu'cize, ne füsun/ Kâbe Arab'ın olsun/ Bize Çankaya yeter!" deyiverdi.

Artık sıra minareye ve ezana gelmişti; onları uydurmak da Yaşar Nabi'ye düştü:

"Motorların şarkısı olsun yeni bestemiz/ Yeni din ezanları, minareler yerine/ Bulutlara püsküren bacalarda okunsun!"

Fabrika bacaları "minare", bacalardan çıkan duman ise "ezan" olmuştu! Nihayet sıra "eski ezan"ın lâfzıyla ilgilenmeye gelmişti. Bu da "Türkçeleştirme" adıyla yapıldı. Ezan-ı Muhammedî 1400 yıllık kimliğinden koparıldı, "Tanrı uludur"lu şekle dönüştürüldü. Artık gök kubbemizde "ezan gibi ezan" yok, tuhaf bir tercümesi vardı.

Ondan yıllar önce (1928'de) bazı İlâhiyat Fakültesi hocalarına (Fakülte henüz açıktır, 932'de kapatılacaktır) "Islahat lâyihası" başlığı altında hazırlatılan "dinde reform taslağı" yürürlüğe sokulmuştu. [124] Ezanın bu paketin bir parçasıydı. Bir parçası da camilerle ilgili bulunuyordu.

Buna göre camilere, kiliselerde olduğu gibi, sıra ve mûsîki âletleri konacak, "İlâhî mahiyetinde asrî ve enstrümantal mûsîki" icra edilecekti. Ayrıca camilere "temiz ayakkabılarla" (yani ayakkabı çıkarılmayacaktı) girilecekti.

Türkiye'deki Bazı İlkler

İlk okulda "cumhuriyetin ilk yıllarında çakılı bir çivimiz bile yoktu" diye öğretildi bize. Ve cumhuriyetin kuruluşundan bu güne tam 75 yıl geçti.

Cumhuriyet sürekli gelişim içerisinde çağı yakalamak hedefinde ilerledi. Peki bu süre içerisinde neyi, ne zaman ilk olarak gerçekleştirdik?

İLK OTOMOBİL: 129 günde yapıldı. 29 ekim törenlerinde iki adet "devrim" adı verilen araba yetiştirilebildi. Birincisi cumhurbaşkanı Celal BAYAR'ı almaya giderken 200 metrelik yolda benzini bitti. Cumhurbaşkanı yoluna ikinci arabayla devam etti.

İLK BUZDOLABI VE ÇAMAŞIR MAKİNESİ: 1960 yılında Arçelik tarafından üretildi.

İLK TÜRK MARGARİNİ: "Ailenizin dostu sana" slo-

---

124 O. Nuri Ergin'in Türkiye Maarif Tarihi isimli eserinin beşinci cildinin 1639-40-41. sayfalarında tafsilat var

ganıyla Türkiye'nin ilk margarini olarak 1953 yılında Bakırköy'de ki fabrikada üretildi.

İLK TÜRK DEMİRİ: 10 Eylül 1939 yılında Kardemir Karabük Demir Çelik işletmesi tarafından üretildi. 10 kg. bir hatıra paketi döküldü.

İLK ŞEKER FABRİKASI: 1926 yılında ilk şeker üretildi. O zaman kadar şeker pancarının ne olduğu dahi bilinmiyordu.

İLK TÜRK UÇAĞI: 1934 yılında Kayseri de monte edilmiştir.

İLK OTOMOBİL YARIŞI: Milliyet gazetesi ile Türkiye Turing ve otomobil kulübü işbirliği ile 17 Haziran 1932 yılında düzenlendi.

İLK BASKETBOL LİGİ: 1927 yılında düzenlediği ilk

basketbol milli takımımız Naili MORA' nın çabalarıyla 1934 yılında kuruldu.

İL UZUN YAYIN: 13 Mayıs 1971 de TRT ilk kez tam yayın yapıldı. Bu programı Halit KIVANÇ ve Fecri EBCİOĞLU SUNDU.

İLK SPOR TEŞKİLATI: 1923 yılında İdman Cemiyetleri adı altında toplandı.

İLK MİLLİ MAÇ: Cumhuriyet' in ilanından üç gün önce Taksim Stadında Romanya ile oynandı. 2 – 2 berabere bitti.

Türkiye Güzeli Feriha

1929 yılında düzenlenen güzellik yarışmasında birinci olan Feriha Tevfik, Türkiye'nin ilk popstar'ı kabul ediliyor. Günümüzdeki anlamıyla tarihimizin ilk popstar furyası 1929-1933 yılları arasında yaşandı. 1929 yılında Türkiye güzeli seçilen Feriha Tevfik'in popstar'lığı 10 yıl sürdü. Feriha Tevfik, Türkiye güzeli olmakla kalmadı, sinema çalışmalarının yanı sıra şehir tiyatrosu kadrosuna da girdi.

Mustafa Kemal Paşa Nasıl Cumhurbaşkanı Seçildi?

Mustafa Kemal Çankaya `ya büyük bir mutabakatla çıkmamıştır.

Mustafa Kemal önce meclisi oluşturdu, sonra kendisini cumhurbaşkanı seçtirdi, ama yine de cumhuriyet ve kendi cumhurbaşkanlığı üzerinde tam bir mutabakat sağlayamadı. Bize anlatılan tarih ne yazık ki, Cumhuriyet `in ilanından sonra Atatürk'ün hiç tartışılmadan, son derece büyük bir kamuoyu desteği ile cumhurbaşkanı seçildiğini söyler.

Mustafa Kemal Paşa'nın Cumhurbaşkanlığına giden yol anlatılırken hiç anlatılmayan çok önemli tarihi olaylar vardır.

İsmet Paşa'nın başarısız Lozan görüşmelerinden sonra Mustafa Kemal Paşa ile İsmet Paşa Eskişehir'de buluştu ve Lozan hakkında bilgi alış verişinde bulundular. Mustafa Kemal Ankara'ya döndüğünde kendisini kimse karşılamadı. Rauf Orbay Başbakan'dı, ona niçin karşılanmadığını sordu. Rauf Orbay başbakanlıktan istifa etti. Meclis, Lozan görüşmelerini değerlendirmek için toplandığında tam dokuz gün Mustafa Kemal eleştiri yağmuruna tutuldu. Mustafa Kemal'e açıkça yüklenemeyen milletvekilleri İsmet Paşa'ya yükleniyorlardı.

Hariciye Vekili İsmet Paşa gensoru ile düşürülecekti. Ama Mustafa Kemal Rauf Orbay'ın kendisinin Lozan Görüşmeleri'ne gitmek istediğini yayarak milletvekillerini böldü ve İsmet Paşa da Lozan'a geri döndü. Ali Şükrü Lazistan milletvekiliydi. Ali Şükrü Lozan Konferansı'ndaki başarısızlıkları anlattığı bir oturumda, *Savaşta kazanılan masada kaybediliyor* diyordu. Mustafa Kemal öfkesinden silahına sarılmış, Ali Şükrü de silahını çekmişti.

Mecliste yaşanan bu olaydan sonra Ali Şükrü evinden meclise giderken ortadan kayboldu. Diğer Lazistan Milletvekili Ziya Hurşit Ali Şükrü'nün siyasi bir cinayete kurban gitmiş olabileceğini söylüyordu. Ali Şükrü'yü öldürenin Topal Osman olduğu ortaya çıktı. Ali Şükrü'nün cesedi bir kaç gün sonra Topal Osman'ın Çankaya'daki karargâhının yakınlarında bulundu.

Topal Osman'ın karargahı top ateşine tutuldu. Topal Osman öldürüldü. Ziya Hurşit, Topal'ın öldürülmesini izlerin ortadan kaldırılması olarak yorum!adı ve Ali Şükrü'nün ölümünden Mustafa Kemal'i sorumlu tuttu. İşler kaosa dönünce Erken seçim kararı ile meclis dağıtıldı, Halk Fırkası (Partisi) örgütlendi. Mustafa Kemal partinin de başkanı oldu. Şaibeli bir seçim sonucunda Halk Fırkası her yerde seçimi kazandı! Milletvekili seçilenler Mustafa Kemal'in onayı ile seçilmişti.

İkinci Meclis çok sesliliğin olmadığı bir meclisti. Asker milletvekillerinin sayısı birinci meclise göre yüzde 20'ye çıkmıştı. Tüm ordu ve kolordu komutanları milletvekili seçilmişti. Buna rağmen yine de Mustafa Kemal'e muhalif yok değildi ve özgür bir oylamada milletvekillerine cumhuriyeti kabul ettirmek mümkün görünmüyordu.

Fevzi Paşa mecliste ordunun son askerine kadar Mustafa Kemal'in yanında olduğunu söyledi.

Ortalık yeniden karışmıştı. Meclis yeni hükümeti kuramıyordu. İşte bu sırada Mustafa Kemal '**Böyle gitmemeli, yarın cumhuriyet ilan edeceğiz**' dedi. 29 Ekim günü '**Bu koşullar altında hükümet kurmak imkânsız. Türkiye'nin bir cumhuriyet olmasına, başında da bir cumhurbaşkanı olmasına karar verdim.**' diyerek amacını açıkladı.

Rejimi değişiyordu. Önce Cumhuriyet ilan edildi. Oylamaya meclisin yüzde 52.7'si katılmadı. Arkasından Cumhurbaşkanlığı seçimine gidildi. Tek aday Mustafa Kemal`di. 334 milletvekilinin 158`i oylamaya katıldı, geri kalan 176 üye ise ne Cumhuriyet`in oylamasına ne de Cumhurbaşkanı seçimine katılmamıştı. Bu durumda Mustafa Kemal hem meclis başkanı, hem cumhurbaşkanı, hem Halk Partisi`nin başkanı olmuştu. Ayni zamanda başkomutandı.

Mustafa Kemal Cumhurbaşkanı olduğu için Hükümet`i de kendisi atatı. 1924`de değiştirilen Anayasa gereği Mustafa Kemal her dört yılda bir 1927, 31 ve 35`de tek aday olarak cumhurbaşkanı seçildi. Fakat yine de meclisin tamamının oylarını alamadı.

1927`de 335 üyeden 288`inin, 31`de 351 üyeden 289`unun, 1935`de de 444 üyeden 386`sının oyunu alarak Cumhurbaşkanı oldu!

Biz Onlardan Farklı Olmamak İçin...

Şapka inkılâbından sonra Ankara Valisi Yahya Galip Bey'in İsmet İnönü'ye gelerek:

"Şapkanın ortasına ay-yıldız koyalım ki, diğer milletlerden farkımız belli olur." demesi üzerine İnönü:

"Canım biz bu inkılâpları onlardan farkımız olmasın diye yapıyoruz. Sen ne bize teklif ediyorsun!" diye çıkışmıştı...[125]

Şapkaya Karşı Çıkanlar Asıldı

Falih Rıfkı Atay'ın şöyle bir tespiti vardır: "Müslümanlar, Hıristiyanların iyisine *'makul kefere'*, kötüsüne *'gâvur'*, beterine *'şapkalı gâvur'* " derken, 25 Kasım 1925 tarihinde şapka inkılâbı yapıldığında sırf bu inkılaba karşı geldikleri için 57 kişinin idam edilmiştir... [126]

İngiliz araştırmacı yazar Paneth'in "Turkey at the Grossroads"ın (Türkiye Yol ayrımında) isimli kitabında o günler ile alakalı olarak:

"Avrupa şapka imalatçıları altın günler yaşadılar. Gemiler dolusu fötr, panama, kasket, ne varsa İstanbul'a gönderildi. İtalyan Borsalino kardeşlerin şapka yüklü gemisi İstanbul limanında idi zaten. Şapkanın gündeme gelmesi ile birlikte, geminin alelacele gümrükten geçirildi. Borsalino bu işten büyük bir kar elde ettiler...İstanbul'da erkekleri kafalarında kağıt şapkalar,hatta kadın şapkaları bile vardı..." diye yazmıştı...

---

125 Apuhan,Recep Şükrü; Batının Dar Ağacında İsyan, Timaş,İst/1989/s.53
126 Atay,Falih Rıfkı;Çankaya,İst./1980,s.430

Bazen Kanun Üstüne Çıkarız

Cumhuriyet'in ilanından sonra ikinci defa kurulan ve 1925-1927 döneminde faaliyet gösteren İstiklal Mahkemeleri hakkında, Araştırmacı Ergün Aybars şöyle der:

Kararları temyizi yoktu. Mahkemeler kararlarını vicdan kanaatlerine dayanarak verirlerdi. Kararın verilmesi delile gerek yoktu"...

Bu konu ile alâkalı olarak mahkeme üyelerinden Lütfü Müfit Bey'in Savcı Süreyya Bey'e:

"Bizim milli bir gayemiz var. O gayeye varmak için arasıra kanunun üstüne çıkarız..."diyerek ne kadar adilane(!) hükümler vererek yüzlerce insanın ölümüne imza koyduklarını ifade etmişti...[127]

---

127 Yalçın, Mehmet; "CHP'nin Günah Defter"Aktüel Dergisi 8-14 Ağustos 91, sayı 5